シニアの暮らし便利ブック

得する！ 楽しい！ 安心！

太田差惠子

産業編集センター

はじめに

　私は1960年生まれの62歳です。もうすぐ、国が定義する高齢者（65歳以上）に突入します。50代は駆け抜けるように過ぎていきました。2人の子供たちはそれぞれ独立し、今後は自分自身の生き方、仕事のこと等、いろいろと考えなければなりません。

　私は、1990年頃から書く仕事をしています。始めた当初は特定のテーマは決めず何でも書きましたが、1993年頃から徐々に住宅と介護に絞るようになりました。住宅とか介護をテーマに取材をしていると、さまざまなタイプの"おとな"の方に出会う機会があります。

　年老いても、介護が必要になっても、背筋を伸ばして（見た目は曲がっていたとしても）生きている方を見ると、憧れます。背筋を伸ばしている人は、酸いも甘いも知りつくしているのでしょう。アンテナの感度が高く、それでいて思慮深く、「何をするか」をしっかり選択されているような気がします。

国の予測では、2036年には国民の3人に1人が65歳以上になるそうです。シニアは多数派！　アクティブシニアという言葉も生まれ、一説には100兆円超の市場規模になると見込まれています。市場といわれることには少々抵抗したくなるものの、市場だからこそ、ますます、私たちにとっての楽しいこと、便利で快適なものは増えていくともいえるでしょう。

　「歳だから」と躊躇せず、過信もせず、「楽しみ」ながら、ときには「稼ぎ」、「安心、便利な商品やサービス」を利用し、「健康」や「リスク」に気を付け、「お金」のことを考えつつ、「自分らしい最期」を迎えたいものです。
　私たちシニア世代の人生がより豊かなものとなるようにとの思いで本書を執筆しました。参考にしていただけたら幸せです。お好きなところから読み進めてください。

太田差惠子

○ 目次

第 1 章　楽しむ！

第 2 章　背伸びしないで稼ぐ

第 **3** 章　安心、便利な商品・サービス

第 **4** 章　健康のために

第 **5** 章　リスクのこと

第 **6** 章　日々のお金

第 7 章　自分らしい最期

※本書の情報は2023年3月現在のものです。
法令や条例等の改正により、内容が変更に
なる場合があります。

楽しむ！

40、50代の頃に比べ、自由に使える時間が大幅に増えた

人も多いのではないでしょうか。何をしようか、と思い悩ん

でいても時間は過ぎていきます。まずは、行動！

「映画館」や「劇場」のシニア割

●「旅行」「テレビ」「映画」が人気

あなたにとって、日々の楽しみは何でしょうか。

全国の50〜79歳の男女1,000名に、現在の楽しみを聞いた調査があります。1位「旅行」（44.6%）、2位「テレビ／ドラマ」（36.0%）、3位「映画」（26.7%）、4位「グルメ」（25.4%）、5位「読書」（24.2%）という結果です。

5位以下で男女差が大きいのは「ファッション」（男性5.4%、女性20.4%）。年齢を重ねても、女性は"おしゃれ"を楽しんでいるということでしょう。

●「シニア割」とは

そんな楽しみを応援するように、多くの業種が「シニア割」を実施しています。

シニア割とは、一定の年齢以上の人が受けることのできる割引サービスです。「高齢者優待」という言葉を使っているところもあります。

初めて利用するときは、「年寄り扱い!?」と複雑な気持ちになるかもしれませんが、お得なものは使わない手はありません。レジャー、飲食、旅行、行政サービスに至るまでさまざまなものがあるので、しっかり情報収集して利用したいものです。

●曜日を気にせず観賞できる！

シニア割のなかでも映画は利用実績第1位との報告があります。旅行ほど時間とお金はかからないのに、自宅では味わえない非日常を楽しめるのが人気の理由でしょう。ほとんどの映画館でシニア割を設定

しています。多くは60歳以上が対象で、一般料金1,900円が1,200円に。イオンシネマは55歳から「ハッピー55」を利用でき、一般料金1,800円が1,100円になります。夫婦のどちらかが50歳以上なら夫婦2人で2,200円となる「夫婦50割引」も用意（興行各社により料金は異なります）。

オペラ、バレエ、ダンス、演劇等の公演が行われている新国立劇場にも「高齢者割引」があります。65歳以上なら5%割引に（一部の席を除く）。

シニア割なら条件に合えばいつでも利用できるのは嬉しいポイントです。映画館や劇場に出かける際には、ウェブサイトで割引がないか確認したいですね。

現在の楽しみ （複数回答形式）

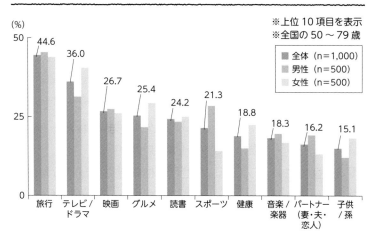

出典：ソニー生命「シニアの生活意識調査2021」より作成

2 お安く「ゴルフ場」でラウンド

◯ 平日ランチ付き5,000円！

　70歳になった友人（女性）から「ゴルフを始めた」とメールが届きました。ゴルフといえば、昔はコースに出るには数万円かかったものです。しかし、彼女が利用するゴルフ場では「平日はランチ付きで5,000円」とのこと。しかも誕生日の月は1回無料になるのだとか。「70代になって、こんなふうに楽しめるとは思ってもみなかった」とも。ゴルフ経験者の夫、そして友人夫婦らと出かけることが多いそうです。

　総務省が行っている、余暇の過ごし方に関する統計「社会生活基本調査」では、種目×年代別に、その年代の人口の何％の人が余暇にその活動を行っているかを表す「行動率」を公表しています。右はゴルフとボウリングの行動率です。両者を見比べると、主要な顧客層が異なることがわかります。「ゴルフ（ゴルフ練習場含む）」は40〜50代の行動率が高い「中年型」、「ボウリング」は10〜20代の行動率が高く、「若者型」といえます。

◯ ゴルフ離れのなかで

　日本生産性本部の『レジャー白書2021』によると、2020年のゴルフコース利用人口は520万人。2005年には1,080万人だったので、15年間で半減。年々、ゴルフ人口は減少傾向に。「ゴルフは高くつく」というイメージが強いことが一因のようです。

　ゴルフ全盛期にゴルフを楽しんだ世代は業界にとっても大切なお客様。自由に使える時間が増えるシニア世代に、「これからもゴルフを」と、割引やお得なプランを提供し利用しやすくしています。「ランチ付き5,000円」もその1つだといえるでしょう。

　ちなみに、先の友人によると、1回ラウンドすると2万歩にもなる

とのこと。ゴルフを楽しむために、毎朝の散歩を欠かさないようにしているそうです。

◯70代以上はゴルフ場利用税もタダ

ゴルフ場を利用すると、利用日ごとに税金がかかります。「ゴルフ場利用税」といい、ゴルフ場のホール数や利用料金等により等級が定められています。1日、1人当たり400～1,200円です。

この税金は、18歳未満、70歳以上、障害者は非課税となっています。ゴルフ場にある非課税利用の届出書に署名し、年齢等を証明できる書類を提示すればOKです。

シニア割を実施しているゴルフ場を知りたい場合は、「シニア割／ゴルフ場」と検索して紹介ウェブサイトを見てみましょう。

ゴルフは中年型

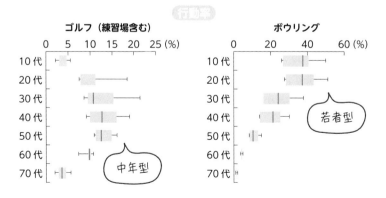

出典：経済産業省「経済解析室ひと言解説集」（総務省「社会生活基本調査」5回分の結果をもとに作成）2018年

3 「カラオケ」は老化防止に効果

● みんな経験者

　カラオケのカラは「空」、オケは「オーケストラ」の略で、生演奏ではなく、レコードやテープで代用することを意味する言葉だそうです。そんなカラオケは1970年頃から広まりました。本書を手にしている人の多くはカラオケ経験者といってもよいのではないでしょうか。

　そしてカラオケ業界のピークは1990年代。その後は、ゆるやかにカラオケボックス（ルーム）の利用者数は下降傾向に。新型コロナウイルスの感染拡大により人々の生活は大きく変わり、カラオケ業界にも多大な影響を与えました。休業要請、時短営業を経て、人々の行動自粛により利用者は減少する結果となっています。

● 健康維持にもひと役

　カラオケ人口は減少傾向にありますが、一方で「健康法」として注目されることが少なくありません。歌うと腹式呼吸によって身体に多くの酸素が取り込まれ、全身がリフレッシュするといわれています。大きな呼吸により、血流がよくなり、口の周りの表情筋が刺激されます。誤嚥防止にもひと役。また、歌詞を覚えることで脳トレ効果も。

　現に、心身が弱ったシニアへのサービスにカラオケが取り入れられることがあります。

　カラオケ人口の減少が進むなか、カラオケボックス（ルーム）とシニア世代はニーズがマッチ（好き派と嫌い派は半々という調査結果もありますが……）。主に平日の昼間にドリンク無料等のシニア割を設定しているところが多いです。

カラオケの「好き派」「嫌い派」は半々

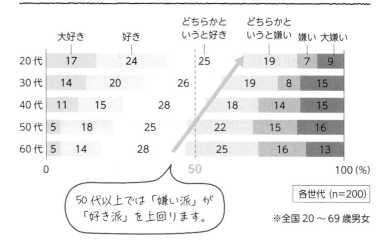

50代以上では「嫌い派」が「好き派」を上回ります。

各世代 (n=200)

※全国20〜69歳男女

出典：日本リサーチセンター「カラオケに関する意識調査」2017年

60代の男女別カラオケランキング (2022年)

順位	男性	女性
1位	夢の途中／来生たかお	桃色吐息／高橋真梨子
2位	桃色吐息／高橋真梨子	雨の御堂筋／欧陽菲菲
3位	セーラー服と機関銃"夢の途中"／薬師丸ひろ子	セーラー服と機関銃"夢の途中"／薬師丸ひろ子
4位	サボテンの花／チューリップ	津軽海峡・冬景色／石川さゆり
5位	あゝ人生に涙あり／里見浩太朗・横内正	糸／中島みゆき

※集計期間：2022年 1/1〜11/20　JOYSOUND調べ（カラオケ・ソーシャルメディア「うたスキ」の会員の歌唱に基づき集計）

出典：株式会社エクシング「2022年年代別カラオケ年間ランキング」2022年12月

4 格安な「公営スポーツジム」

◉ 入会金無料の都度払い

　民間のスポーツジムでも、シニア世代に特化したプログラムを提供するところは多いです。多くの施設で平日日中の利用料金が安くなっています。

　しかし、初めての入会となると、「続くかな」と心配にもなります。行っても、行かなくても毎月数千円が引き落とされることには一抹の不安も……。そんなときにお勧めなのは、「公営のスポーツジム」です。多くの自治体で運営されています。通常、入会金や月会費はなく、利用の都度払いで1回200〜500円程。これなら、気軽に数回のお試しから始められそうですね。

◉ 在住・在勤者以外も利用可 !?

　公営のスポーツジムは格安なのに、さらにシニア割引があったり、なかにはシニア無料という自治体もあったりします。そして、その地域在住・在勤者はもちろん、他の自治体に暮らす人の利用も可としているところが少なくありません。

　民間のジムと比べると、設備やプログラムは乏しい傾向は否めないものの、シニア向けのプログラムが充実しているところもあります。温水プール設備を備えているところも。また、官民連携事業として民間のスポーツジム施設を公的事業の一環に活用する自治体もあります。

　隣接自治体等のジムとも比較検討すると、一層楽しめるかもしれません（該当地域在住者以外は、利用料を200円程高く設定しているところもあります）。

5 「市民農園」で野菜作り

○ 自治体から農園をレンタル

　農作業体験は心身をリフレッシュさせ、生活にやすらぎと潤いをもたらします。地域住民が10〜20m²程度に区画分けされた農地をレクリエーションの場として活用する農園のことを「市民農園」と呼びます。自治体や農業協同組合等が運営しており、全国に4,000ヵ所以上、都内だけでも430ヵ所（2022年3月）設置されています。自宅に庭がなくても、野菜や花を育てることができるのです。

　借りることができるのは、多くの場合、その自治体に居住している人。応募条件は、自治体のウェブサイトに記載されています。料金は1年間3,000〜1万円程です。

　ナスやきゅうり、ピーマン、おくら等の野菜のほか、ラベンダー等のハーブを育てる人もいます。農業を行う80代後半の男性に取材したとき、「種や苗を植え、収穫。これを繰り返していると、病気になっている暇はない」と笑顔で話していたことを思い出します。

市民農園を探す方法

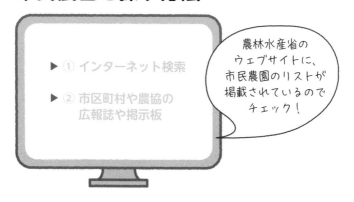

▶ ① インターネット検索

▶ ② 市区町村や農協の
　　広報誌や掲示板

農林水産省のウェブサイトに、市民農園のリストが掲載されているのでチェック！

「銭湯」や「スパ」でリラックス

● 無料で年間52回も入浴できる!?

　原油価格の高騰で電気料金やガス料金が上昇し、銭湯の利用料金も値上がりを続けています。例えば、東京都内の銭湯は1回の入浴料が500円。調べてみると、筆者が生まれた1960年は17円だったので、30倍近い金額に。この25年でも100円アップしています。

　都内には2021年末時点で480ヵ所の銭湯があり、1銭湯1日当たり平均147人が利用。

　多くの自治体が入浴補助制度を設け、利用料の援助を行っています。例えば、東京都港区では生活意欲の向上及び健康維持を目的に、70歳以上の区民に対し年間最大52回分の無料入浴券を給付しています。神奈川県横浜市では、65歳以上の市民に、毎月1回好きなときに200円で入浴できる「高齢者優待入浴券」を配布。

　地域内に温泉がある自治体では、65歳以上だと公営温泉を無料で利用できるところも。

　通常優待券を得るには役所に申請します。あなたの暮らす自治体には、どのような補助があるかを確認してみましょう。夏も冬も浴槽入浴の頻度が上がると要介護になるリスクが減るという報告もあるので（右図）、"入浴"タイムを大切にしたいですね。

● スーパー銭湯は憩いの場

　銭湯に対し、スーパー銭湯と呼ばれるところがあります。管理に関しては、銭湯と同じ「公衆浴場法」に基づき運営されており管轄は厚生労働省です。スーパー銭湯は娯楽施設としての要素が強いので、「その他の公衆浴場」に分類されており、入浴料金が定められている「一般公衆浴場」と違い、それぞれの施設が料金を決めています。

　スーパー銭湯といえば、ムード歌謡コーラスグループ「純烈」を思い浮かべる人も多いのではないでしょうか。「夢は紅白親孝行」を目標に掲げながら温浴施設で地道に活動を続ける姿が"スーパー銭湯アイドル"としてテレビ番組に多数取り上げられ、注目を浴びました（純烈オフィシャルウェブサイトより）。

　このように、スーパー銭湯のなかには、歌謡ショーや芸能ショーを行うところも多く、各銭湯のウェブサイトでスケジュールを告知しています。

　また、身体のコリや疲れをほぐすボディケアやアロマリンパ等の専用スペースを設ける施設も多いです。食事処もあるので、1日たっぷりリラックスし、遊ぶことができるでしょう。

　「ちょっとした旅行気分を味わうことができる」と、さまざまな世代から人気があります。施設によっては、シニア世代の優待日を設けているところもあるので要チェックです。

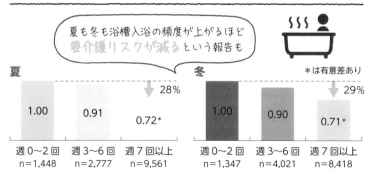

「毎日の入浴」が要介護を防ぐ

夏も冬も浴槽入浴の頻度が上がるほど
要介護リスクが減るという報告も

*は有意差あり

夏

週0～2回 n=1,448	週3～6回 n=2,777	週7回以上 n=9,561
1.00	0.91	↓28% 0.72*

冬

週0～2回 n=1,347	週3～6回 n=4,021	週7回以上 n=8,418
1.00	0.90	↓29% 0.71*

夏と冬それぞれの浴槽入浴頻度における新規要介護認定リスク。数値は、週に浴槽入浴を0～2回すると答えた高齢者の群を1とした場合の各群のハザード比（発表資料より）
出典：八木明男（千葉大学）お風呂の習慣（浴槽入浴）で要介護認定が3割減
〜高齢者約1万4千人 3年間の追跡調査より〜 JAGES Press Release NO:157-18-20

7 公共施設での「習い事」

● バラエティー豊かな活動

　地域には公民館、コミュニティセンター、集会所等の公共施設があります。自治体によって名称も内容も異なりますが、そこではさまざまなサークル活動が行われています。

　原則、公共施設では営利事業はできません。そこで、サークルという名目になっていることが一般的です。○○サークルに、講師を招いて、謝金を渡すというシステム。講師側も社会貢献的な活動と位置付けて、通常より安い謝金で引き受けるケースが多いようです。メニューは民間のカルチャーセンターと変わらず多彩です。英会話、手芸、俳句、体操……。知り合いの男性は、定年退職後、公民館での「男の料理教室」に参加していました。「習ったことは自宅で復習するので、妻からも喜ばれています」とにっこり。地域に友人もでき一石二鳥だと満足気です。

　一度足を踏み入れると、どのようなサークルがあるかの情報が入ってくるので（「公民館通信」等により）、リピーターになる人も多いようです。

　余談になりますが、筆者が「書く仕事」を始めたきっかけは、公民館の「再就職セミナー」に参加したことでした。もう30年以上前のことです。

● 無料で役立つ講座もある！

　公民館等では、サークル活動だけでなく、公民館主催事業として講座や勉強会も行っています。

　筆者も声をかけていただき、講座講師を務めることがあり、2時間程の枠で話します。講師の立場からいえば、講師料が安いからといって、気を抜いたり、情報量を減らしたりはしません。せっかく時間を

割いて参加してくださっている方たちの役に立ちたいと一生懸命話します。恐らく、講師をされる誰もが同じ気持ちだと思います。受講料は無料の講座が多いので、市民報等で興味のある講座がないかをチェックしてみてはどうでしょう。

◎教える側になるのも楽しい！

得意分野があったら、自らサークルを立ち上げ、あなた自身がサークルの講師になることもできるかもしれません。自治体によってサークルの作り方は異なりますが、問い合わせてみましょう。数名でサークルを作ると、次第に新たな仲間が参加。得意分野を地域の方々に広めることができます。

筆者の友人（50代）は、公民館の体操教室に通ううち、職員から声がかかって、新設された「転倒予防サークル」で講師をすることに。「まさか、自分が教える側になるなんて思いもしなかった」と言っていました。

公民館の3つの役割

住民同士が「つどう」「まなぶ」「むすぶ」ことを促し、
人づくり、地域づくりに貢献

「つどう」
生活のなかで気軽に
人々が集うことができる場

「まなぶ」
自ら興味関心に基づいて、
また社会の要請に応えるための
知識や技術を学ぶための場

「むすぶ」
地域のさまざまな機関や
団体の間にネットワークを形成

8 「飛行機」も「電車」もお得に

● 航空運賃が半額！？

　飛行機にもシニア割引があります。各航空会社でサービスの名称、割引率や購入方法（事前予約の可否）、キャンセル料等の条件に違いはありますが、割引料金で航空券を購入できる点は同じです。

　ANA の「スマートシニア空割」、JAL の「当日シニア割引」は、搭乗日のみ購入可能。ANA の場合は当日に ANA ウェブサイトや予約・案内センターで予約できます。JAL の場合は当日、出発空港の JAL カウンター等でチケットを購入します（予約不可）。いうまでもありませんが、希望の便に空席がない場合は搭乗することはできません。

　一方、スカイマークやスターフライヤーは当日だけではなく前日、もしくは事前に予約・購入が可能です。行き先や時間のゆとり具合からどのサービスを利用するか判断しましょう。

　ただし、通常料金と比較すると格安ですが、早期割引運賃と比べると割高となるケースもあります。

● JR の会員制倶楽部とは

　JR グループ6社（北海道、東日本、東海、西日本、四国、九州）には、シニア向けの会員制サービス「ジパング倶楽部」があります。入会すると乗車券類の割引等の特典が受けられます。

　しかし、「のぞみ」「みずほ」の特急券、グリーン券は割引対象外（自由席を含む）。「ひかり」や「こだま」なら割引されるので、時間的にゆとりのあるときなら、お得に移動できるでしょう。また、年末年始、ゴールデンウィーク、お盆も割引となりません。

航空会社シニア割の例

✈	シニア割	対象	購入可能日
ANA	スマートシニア空割	満 **65** 歳以上	搭乗日当日のみ
JAL	当日シニア割引	満 **65** 歳以上	搭乗日当日のみ
スカイマーク	シニアメイト1	満 **60** 歳以上	搭乗日前日～当日

※詳細は各社ウェブサイトで要確認

ジパング倶楽部とは

入会条件　個人会員：男性満 65 歳以上、女性満 60 歳以上
　　　　　　夫婦会員：どちらかが満 65 歳以上の夫婦
　　　　　　※夫婦の場合、どちらかが満 65 歳以上なら配偶者の年齢に
　　　　　　　関係なく 2 人で入会可

年会費　個人会員：1 人 3,840 円
　　　　　　夫婦会員：2 人で 6,410 円

サービス内容　・ JR 線を営業キロ片道・往復・連続で 201km 以上
　　　　　　　　利用の場合、運賃・料金ともに割引に
　　　　　　　　→ 新規会員は 1 ～ 3 回目：20％割引、
　　　　　　　　　 4 ～ 20 回目：30％割引
　　　　　　　　　 更新会員は 1～20 回目：30％割引
　　　　　　　・会員誌「ジパング倶楽部」を定期的に送付

「敬老パス」で外出

◯ お得に外出できる

　シニアの外出を促して健康増進を図ること等の目的で「敬老パス」が導入されています。バスや地下鉄に安い料金で乗車できます。自治体によって「シルバーパス」「敬老乗車証」等名称は異なりますが、1970年代以降、主に交通網の整備された都市部で導入されました。

　多くは、希望する65歳以上、または70歳以上が利用でき、割引分は自治体が負担する仕組みです。

◯ 大幅負担増で見直しや廃止も

　シニア世代にとってお得感の大きい制度ですが、全20政令指定都市と東京都のうち約6割が制度を見直したり廃止したりしているようです（読売新聞調査2022年4月）。

　例えば神奈川県横浜市の制度では、所得に応じた自己負担額を払うことで、70歳以上はバスや地下鉄が乗り放題となります。この制度は1974年にスタートしました。当初の利用者は約7万人でしたが、現在は約40万人。市の負担額は47倍の136億円に膨らんでいるそうです。

　筆者は京都市出身なのですが、京都に行く度、公共交通機関の料金が"高いな"と思います。知人から、「敬老乗車証も使いづらくなった」という声が聞こえてきます。京都市での対象年齢は70歳から75歳に段階的に引き上げられることが決まっています。市バスの運賃は現在の均一区間230円、市営地下鉄の初乗り運賃は220円から値上げになるそう。大きな原因は税収が増えないこと。京都市は人口の約1割が学生で、さらにシニアも多いため、納税義務がある人の割合が政令指定都市で最低の43.1%。景観保全のため高層マンション

が立てられず、固定資産税が増えないことも一因のようです。

　このように自治体によって事情は異なりますが、利用できるなら"ラッキー"ということで！

◎コミュニティバスが生活の足に

　コミュニティバスが走っている地域が増えています。国土交通省によると、"コミュニティバス"にははっきりとした定義はないそうです。バスを必要としている地域に走らせるバス（既存の路線以外）のことを指しており、都心循環バスや、100円バスも含めて呼びます。その目的は、やはり外出支援が大きく、さらに中心市街地活性化、公共交通の空白地域の解消も。

　地域によっては、公共施設や駅、医療機関等を結んでおり、シニア世代の生活の利便性に大きく貢献しています。敬老パスと同様、70歳以上等に無料パスや割引パスを配布している自治体もあります。

東京都のシルバーパスの場合

対象　東京都に住民登録している満70歳以上
（寝たきりの方は除く）
※満70歳になる月の初日から購入可

利用範囲　都内の民営バスと都営交通
（都営バス、都営地下鉄、都電、日暮里・舎人ライナー）、
八丈町営バス、三宅村営バス

費用　20,510円／年
※2023年4/1〜9/30に新規でパスを購入する場合は10,255円。
　パスの有効期限は購入日にかかわらず2023年9/30
住民税非課税の方は1,000円

10 シニア向け「SNS」があつい！

● LINE はどの世代にも超人気

　「SNS」とはインターネットを通じて人と人をつなげるサービスです。いまや広い世代に人気があります。

　特に、LINE（ライン）に関しては、「頻繁に利用している」という人が多いのではないでしょうか。NTTドコモ モバイル社会研究所が利用率を調べています（2022年1月）。LINE は、10代から70代までのすべての年代で幅広く利用されており、60代で76.4%、70代で69.0% とかなりの利用率です。

● 写真や日記の投稿サービスが活発

　LINE や Twitter（ツイッター）、Facebook（フェイスブック）等の有名 SNS だけでなく、シニア向けのコミュニケーションサービスも活発に利用されています。

　その1つに、趣味や日常を共有して交流する「趣味人倶楽部」というサービスがあります。主に、退職や子育ての終了という節目の前後に入会する人が多く、「日記」「フォト」「コミュニティ」「イベント」の4つのメニューがあります。「日記」にはニュース等時事ネタ、旅行やお出かけ、スポーツやアート等幅広いカテゴリーがあり、月間、約3.5万件もの投稿があるそうです。「フォト」は季節の風景や動物、料理や旅行等に関する投稿が中心です。「コミュニティ」では、同じ趣味や共通の興味、関心がある仲間を見つけて交流できます。なんと3万5,000個ものコミュニティが存在しています。「イベント」では、会員自らがイベントの開催を告知し、参加者を募集することができます。食事会、ハイキングや日帰り観光等が行われています。

● みんなカメラマン

　筆者も会員登録（無料）して、SNS内をのぞいてみました。想像以上に活発に投稿が行われており活気あふれた雰囲気に驚きました。

　特に、「日記」「フォト」は人気が高いようです。スマホのカメラ性能が高くなっていることが一因でしょう。上手に撮影できると、誰かに見せたくなるものです。知人の1人も一時期、写真の投稿にはまっていました。「知らない人から、おほめのコメントをいただくと嬉しいものよ」と。ただ、すごい勢いで投稿する人がいるらしく、自分の投稿写真がすぐに埋もれてしまうようになり、「つまらなくなった」とやめてしまいました（嫌なら、すぐやめられるのもメリットですね）。

　食事会やハイキングを通して、実際に"会う"オフ会の告知もたくさん見かけます。初回参加はドキドキするだろうと想像しますが、「新たな出会いは、楽しいだろうな」とも思いました。

主なシニア向けのSNS

趣味人倶楽部 （しゅみーとくらぶ） https://smcb.jp/	趣味や日常を共有でき、オンライン・オフライン共に交流が活発。50代、60代を中心に約36万人が日常的に交流。男女比は男性60%、女性40%
らくらく コミュニティ https://community2. fmworld.net/	NTTドコモのシニア向けスマートフォン「らくらくスマートフォン」のユーザーが主に利用するSNS「らくらくコミュニティ」。会員数は270万人（※2023年2月末時点）。男女比は半々。年代は50代〜80代で、70代が最も多い。写真の投稿等を中心に交流
Slownet （スローネット） https://slownet.ne.jp/	60代、70代を中心に約8万人の会員が活動。「趣味がない、同世代との交流が欲しいと」思う人々の交流や趣味探しをサポート

早起きして「ラジオ体操」

● 昭和天皇の即位を記念して始まった

　筆者は朝6時過ぎに犬の散歩に出かけます。特に夏場は、8時近くなると犬がバテるためです。近所の公園では、6時30分から数人〜10人くらいが輪になり、ラジオ体操をしており、犬を水飲み場につなぎ、参加します。身体が伸び、とても気持ちよいのです。

　今回、原稿を書くに当たってラジオ体操について調べてみました。

　1928年、昭和天皇の即位を記念して逓信省簡易保険局が「国民保健体操」の名称で制定。NHKラジオで放送されたため、「ラジオ体操」と呼ばれるようになりました。

　1951年になって、郵政省とNHKが現在の「ラジオ体操第1」を、1952年に「ラジオ体操第2」を制定しています。

　翌1953年からは、夏の間、全国各地で行う体操会「夏期巡回ラジオ体操」がスタート。現在は、「夏期巡回ラジオ体操・みんなの体操」に改称されて浸透しています。

　「みんなの体操」については、その存在を知らなかったのですが、1999年、国連の国際高齢者年にちなみ、郵政省、NHK、全国ラジオ体操連盟が協力して作りました。ラジオ体操に比べて運動量が少なく抑えられており、年齢や障害の有無にかかわりなく、誰もが取り組みやすい内容となっています。

● 心地よい1日のスタート

　自宅でラジオを聞いたり、テレビを見たりしながら体操を楽しむ人も多いようです。毎朝6時25分からNHK Eテレでも放映しています。一方で、『ラジオ体操は65歳以上には向かない』と題した書籍も出ており、「膝」と「腰」を痛めると話す医師らもいます。

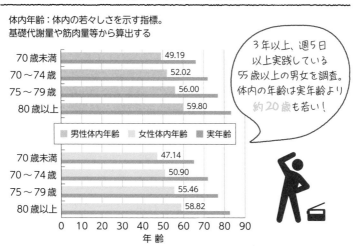

ラジオ体操第1は、13の運動をおよそ3分間で行うことにより、約400種類の筋肉を活性化することができる全身運動です。きちんと行うと結構ハードです。筆者が参加しているグループも、年代はいろいろですが、それぞれがムリのない範囲で体を動かしているのがわかります。痛いところは、ムリをして動かさないことも大事だと思います。

公園で出会う人たちは、体操の前後に「おはようございます」と声を掛け合い、少し雑談をして、早々に帰っていきます。朝は何かと忙しいからでしょう。でも、お休みされると、"どうされたかな"と気になります。安否確認に役立つ面もあるのかもしれません。第1と第2、そして合間に首の体操が入り、ちょうど10分間です。

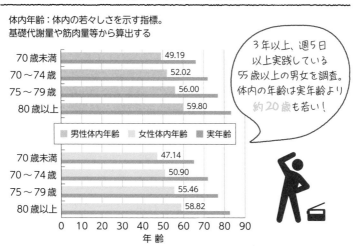

出典：一般財団法人 簡易保険加入者協会「ラジオ体操の実施効果に関する調査研究」平成25年度
※全国のラジオ体操実施会場は「全国ラジオ体操連盟」のウェブサイトで検索可
　https://www.radio-exercises.org/

12 自分ペースで行動できる「1人旅」

● 交通機関とホテルを予約して

　家族や友人との旅行も楽しいですが、日程の調整が難しいですね。計画が延び延びになり、実行に移せないことがあります。そんなときには、思い切って1人で出かけてみるのも方法です（誰かを待っていると、一生行けなくなるかもしれません！）。

　ホテルの予約サイトで泊まりたいホテルを予約。さらに、必要なら電車や飛行機を押さえます。パソコン（スマホ）操作で、あっという間に予定を立てることができます。あとは、出かけるのみ。

　1人なら誰にも気をつかわず、好きな場所に行き、食べたい物を食べられます。気の進まない観光名所はスルーすることも。平日なら、人混みを避けられるのも嬉しいポイントです。自分で考えて行動することが心身の健康につながる場合もあるでしょう。

● 海外1人旅も楽しい

　観光するのではなく、温泉旅館に1人で行き、頭を空っぽにして湯につかり、美味しい物を食べるのもお勧めです。日頃の疲れが吹っ飛ぶでしょう。

　あるいは、思い切って海外1人旅もありだと思います。インターネットで飛行機とホテルを予約できれば、あとは行くだけ（ビザ等が必要なら取得）。ネット検索を駆使すれば、リーズナブルな航空券がみつかることもあります。

　「行ってみたいけれど、1人での食事は味気ない」という人もいます。そんなときは、現地ツアーを利用するのも手です。現地ツアーとは、現地発着のオプショナルツアーのこと。現地のガイドが観光バスで案内してくれ、食事付きなら、他の参加者と一緒に昼食や夕食は現

地のレストランへ。日本から予約しておくこともできます。

◉ お１人さま限定のパッケージツアー

「１人旅は、どうも気が進まない」というなら、１人参加限定のツアーに参加するのも一案です。国内、海外を問わずパッケージが販売されています。なかには女性に限定したツアーや、歩く距離を短く抑えたプラン、観光名所の待ち時間が短縮されたシニア向けのツアーもあります。ホテルの部屋も１人利用できるプランが多いです。

１人参加者同士だと友達になりやすいようです。１人参加限定の海外旅行に参加した知人は、「ツアーで出会った人と友達になり、コロナ以前は、毎年一緒に海外旅行に行っていた」と言っていました。

1人旅のメリット

- 誰にも気をつかわず、好きな場所に行き、食べたい物を食べられる
- １人なら平日に旅行プランを立てられて割安。海外旅行の場合も、飛行機やホテルの安い時期を狙える
- 添乗員がいないので、自分で考え、自分で行動。心身の健康に役立つ

健康面、防犯面等、１人のデメリットもあるので、スケジュールは ゆったり。現地の病院を調べる等事前の 情報収集は大切！１人参加限定のパッケージだと安心感も

13 「ボランティア」で社会貢献

● ボランティアセンターに問い合わせる

　「ボランティア」に関心のある人は多いと思います。ボランティアとは個人の自発的な意思に基づく自主的な活動で、自己実現だけでなく、何らかの形で社会に貢献するものです。

　とはいっても、何から始めたらよいのかわからない、という人もいるでしょう。とっかかりがないと、始めるのは難しいものです。そんなときは、各市区町村にある社会福祉協議会に問い合わせてみましょう。社会福祉協議会はボランティアの参加を応援するための拠点として、各地域にボランティアセンターを設置しています。

　ボランティアといってもさまざまな活動があります。まずは、自分にとって興味・関心のあることや、いま、社会で課題になっている分野でできることがないかを考えてみましょう。窓口で「何かしたい！」と言えば、スタッフが提案してくれるかもしれません。

　ボランティアの活動事例等詳しい情報については、「地域福祉・ボランティア情報ネットワーク」(http://www.zcwvc.net/) のウェブサイトが参考になります。

● 活動分がポイントになる

　自治体の多くで、介護支援ボランティアの活動をサポートしています。社会貢献と心身の健康維持の一石二鳥を狙う活動です。自分自身が要介護とならないように、そのための社会参加・地域貢献を目指します。

　その内容は自治体ごとに異なりますが、例えば、神奈川県横浜市の場合、「よこはまシニアボランティアポイント」を実施。満65歳以上の市民が登録できます。横浜市が指定した受入施設等でボランティア活動を行うと、ポイントが付与されます。1日1回30分以上の活動で200ポ

イント。条件を満たせば獲得ポイントに応じて、寄付・換金が可能です。

　もちろん、対高齢者だけでなく、障害者支援施設、地域子育て支援拠点、病院等での活動も対象となっています。ボランティア活動中に本人がケガをした場合の傷害部分と第三者の身体または財物に損害を与えた場合の賠償責任が補償されるボランティア保険の適用も受けられます。

　これまで培ってきた経験から、シニア世代なら誰しも、地域に役立つことができるのではないでしょうか。無理をしない範囲で行うのがよいでしょう。ただ、無償であっても責任の伴う活動です。相談して決めた活動内容や時間は守らなければなりません。

「よこはまシニアボランティアポイント」とは

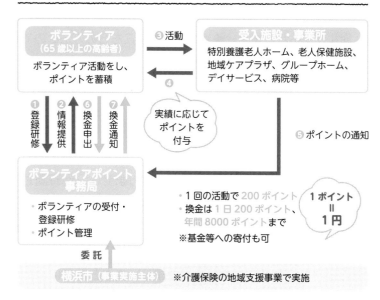

出典：「かながわ福祉サービス振興会」ウェブサイト

「エキストラ」でテレビ出演 !?

趣味か仕事か？

　「エキストラ」とは、テレビや映画等で、通行人や観客のような役を演じる臨時雇いの出演者のことです。その性質上、需要は関東圏に集中していますが、年代的には子供からシニアまで幅広いニーズがあります。

　知人の女性が、エキストラを趣味としています。と、思っていたのですが、彼女いわく"仕事"とのことでした。

　エキストラには、交通費も出ない完全ボランティアのものと、出演料が支払われるものがあります。前者に関しては、テレビ局のウェブサイトに専用のページが設けられていたりします。新型コロナウイルスの感染拡大以降は、「現在募集はありません」という文字が並んでいますが……。

　一方、後者は、エキストラ専用の事務所に所属して行うものです。通常、謝礼が支払われます。筆者の知人は、こちらの方法なのでしょう。1回の出演で、数千円のギャラが出ると言っていました。

時間的、体力的なゆとりが必要

　撮影に関しては、天気等に左右されやすいので、急な変更があったり、予定時間から大幅にズレたり……。また、1時間の番組でも、拘束時間はその何倍にもなることが珍しくありません。何時間も待って、出演時間はほんの数秒、というのが一般的です。

　それに、あくまで「その他大勢」です。突然、大雨が降ってくれば、俳優の方々は手厚い対応をされるでしょう。しかし、エキストラは各自で何とかしなければなりません。つまり、体力と時間にゆとりがあってこそできるのです。

　うまくすれば、交通費程度の謝金が出て、憧れの役者を直に見るこ

とができるかもしれません。また、普段味わうことのない活気のある現場を体感できるでしょう。

○ よからぬ業者に騙されない

　事務所に入って、"仕事"として行いたいなら、「エキストラ／事務所」と検索してみましょう。いくつも事務所が出てきます。

　応募すると、最初に登録料を支払わなければならないところもあります。なかにはおいしい話をちらつかせるよくない事務所もあるので注意しましょう。下は東京都消費生活総合センターからの注意喚起です。騙されないよう、しっかり情報収集を！

エキストラの事業者選びには注意を！

勧誘の流れ

 消費者がアルバイト募集サイトを通じ、事業者のエキストラバイトに申し込む

 事務所に登録に行くと、「ちょうどいまオーディションをやっている」等と言ってオーディションを受けるように勧められる

3 オーディション結果を聞きに事務所に行くと、「レッスン代の元がとれるくらい、仕事を紹介する」等と嘘を告げられ、レッスン受講契約の勧誘を受ける

問題のある事業者もあるので、事務所に登録する場合は十分注意を！

出典：「東京くらしWEB」2017年12月

15 「大学院」に進学し 若者と学ぶ

● 四大卒でなくても進学可

　シニアに門戸を開く大学・大学院が増えています。筆者も50歳を過ぎて立教大学の修士課程に進学しました。最終学歴は短大卒だったので、大学への進学を考えないわけではなかったのですが、大学の場合は教養課程があり、幅広い勉強をしなければなりません。年齢から考え、やりたい勉強と研究に力と時間を集中したいと思い、大学院を選びました。

　元プロ野球選手の桑田真澄さんはPL学園高卒で引退後、早稲田大学大学院の修士課程に入学しています。女優の秋吉久美子さんも、高卒で、53歳のときに早稲田大学大学院に進学していることは有名です。

　大学院によりますが、四年制大学を卒業していなくても、個別審査によって社会での実務経験や取得した資格等が認められると受験資格を得ることができるのです。筆者も受験資格を得ることができたように、社会人としての長い経験があれば、それほどハードルは高くありません。

● 交友関係が広がる

　筆者が進学したのは、立教大学大学院21世紀社会デザイン研究科でした。大学を卒業したばかりの新卒の若者と、社会人が混在していました。年齢、性別、専門分野はバラバラ。

　普段の生活では、決して知り合えない人たちとの交友関係が広がりました。「同期」なので、年齢や職業に関係なく同じ立場です。

　社会人が多いので、講義は夜間と土曜日中心でした。夜の授業が終わってから飲み会に行くことも少なくありません。ゼミ合宿等もありました。卒業後も、ゆるやかに交流があります。

　いまとなっては、楽しいことばかりが思い出されますが、修士論文の作成は苦行でした。仕事をしながらだったので、時間がなくて苦しみました。それに何より、学費はかかります。確か、年間100万円程だったのではないでしょうか。返済不要の奨学金を各年度ゲットすることには成功しましたが、かなりの費用がかかります。

　このようにお金と体力は必須ですが、学び直したい分野があるなら、視野は広がり、きっとこの先の人生の糧となります。「社会人／大学院」とインターネット検索をすると、社会人に向いた大学院を見つけることができます。少子化の影響なのでしょうか、シニア世代の特別枠を設ける大学院もあります。

　ちなみに、社会人であっても、入学試験はあります。筆者の場合、英語は苦手なので、英語試験のあるところは除外しました。

シニアに向く大学院の例

千葉経済大学大学院

入学時に60歳を超える人を対象とした「シニア選抜」がある。小論文と口述試験で選抜

東京経済大学大学院 （修士課程。博士後期課程でも別個の条件で受入）

入学時において満52歳以上で、大卒、学士の資格を有す、もしくは準じる者が対象。課題レポートと口述試験で選抜（口述試験のみの研究科もあり）

立教大学大学院社会デザイン研究科

入学時において満23歳以上の者。もしくは、何らかの社会的実践活動を1年以上経験、もしくは1年以上の就業経験がある者が対象。書類審査、筆記試験、口頭試問の成績を総合的に評価

※2024年度より大学院21世紀社会デザイン研究科から名称変更

「推し活」で目標と夢を持つ

○シニア世代にも広がり

　2021年の新語・流行語大賞にもノミネートされた「推し活」。もともとは、アイドルやアニメのキャラクター等を応援する活動を指す言葉でした。現在では、その概念は広がり、スポーツ選手や歴史上の人物、アニメ、ゲームに登場する二次元のキャラクター、さらには建築物、仏像等の物も"推し"の対象となっています。

　実際にどのような活動をするかといえば、推しに会うためにライブや舞台、イベントに参加したり、推しの出演するテレビ番組を見たり、グッズを集めたり、ファン同士で交流したりとさまざま。

　若い世代の活動かと思いきや、シニアにも広がりを見せています。全国の50〜84歳の女性に対して行われた調査によると、その認知度は83.3％と高く、現在、推しがいるシニア女性は35.2％。推しがいる人197人中、およそ7割となる137人が、推しにお金を使っていると回答しています。

○前向きに生きる目標に

　例えば、昔から「宝塚歌劇」のトップスターにはまり劇場に通う人は大勢いました。いまでは、あれも推し活と表現するようです。韓国人のアーティストにはまった人が、「聖地巡礼」と称して韓国旅行に出かける姿を見かけることもあります。

　推しができて変わったことの上位3つは、「動画サイトを見るようになった」「新しい目標・夢ができた」「笑いが増えた」で、いずれもおよそ3割が回答。お金はかかりますが、案外シニアと推し活は、相性がよいのかもしれません。

あなたには、現在「推し」ている人・もの・ことがありますか？(単一回答)

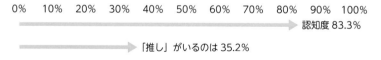

| 0% | 10% | 20% | 30% | 40% | 50% | 60% | 70% | 80% | 90% | 100% |

認知度 83.3%

「推し」がいるのは 35.2%

ある（いる）197人、
35.2%

ない（いない）269人、
48.1%

「推し」とは
何かがわからない
93人、16.6%

(n＝559)

「推し」ができて変わったこと

（「推し」がいる・ある人「特に変わっていない」以外は複数回答）

| | 0% | 10% | 20% | 30% |

動画サイトを見るようになった	29.9%（59人）
新しい目標・夢ができた	29.9%（59人）
笑いが増えた	28.9%（57人）
外出が増えた	18.8%（37人）
「推し」にお金をかけるようになった	18.3%（36人）
友達が増えた	15.7%（31人）
見た目に気をつかうようになった	14.7%（29人）
会話が増えた	14.2%（28人）
人への感謝の気持ちが増えた	13.7%（27人）
語学を学び始めた	9.6%（19人）
SNSを使うようになった	9.1%（18人）
節約を始めた	4.6%（9人）
働き始めた	1.5%（3人）
その他	9.1%（18人）
特に変わっていない	19.3%（38人）

(n＝197)
※50〜84歳の女性

出典：「ハルメク 生きかた上手研究所」(2022年)調べ（上下図表とも）

17 「ペット」と共に生きる

◎シニア世代にこそ！

犬猫の飼い主のうち、4割程が60歳以上との報告があります。筆者もその1人ですが、この年齢になり、彼らと共に暮らす効用は大きいと思います。

- 食事や散歩等の世話のために規則正しく生活する。
- 散歩に出かけるため閉じこもらない。地域の人と言葉をかわす。
- 世話を忘れるわけにはいかないので、記憶力維持にひと役。
- ペットのために自身の健康に気を付ける。
- 孤独を感じない。

ざっと考えるだけでも、こうしたメリットがあります。

◎ペットも長寿となっている

最近は20歳近い犬を見かけることも増えました。高齢の人が高齢犬の介助を行う姿を見ることも珍しくありません。そんな様子を見るにつけ、自身と愛犬の行く末が心配になるのは、筆者だけではないと思います。

「動物の愛護及び管理に関する法律」には、飼い主の責務として、動物がその命を終えるまで適切に飼うこと(終生飼養)が明記されています。

「何かあったら、ペットの世話をお願いね」と子供ら親族に頼んでいる人が多いのではないでしょうか。しかし、若い世代には転居や転勤もあります。ペット不可のマンションも少なくないうえ、飼うには、結構なお金もかかります。

◎「ペット信託」を活用する方法

ペットの生活に必要な費用を「信託財産」として信頼できる人や団

体に託す「ペット信託」という手法があります。託すことができる
NPO や社団法人も少しずつ増えています。

　一例ですが、三井住友信託銀行では遺言信託にペット安心特約を付
けることができます。万一に備えてペットのことをお願いする遺言を
準備すれば、相続発生後、遺言書に従って遺産分割をしてくれるもの
です。適当な託し手がいない場合、ペットの引き渡しを依頼できる一
般社団法人を紹介してくれます。

　一方で、ペットと一緒に入居できる老人ホームもあります。神奈川県
横須賀市の「さくらの里山科」は、犬猫と一緒に入居できる特別養護老人
ホームとして有名です。ウェブサイトには入居者とペットが紹介されて
います。一緒に入居できる有料老人ホームも少しずつ増加しています。

　いずれにしても、ペットの将来に責任を持つことが不可欠です。

遺言信託（ペット安心特約付）の例

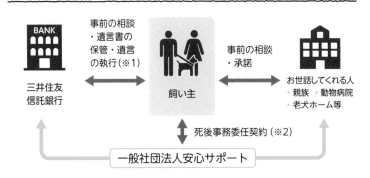

※1　相続発生時に遺言に基づく財産の分割手続き（ペットに関しては、お世話を
　　してくれる人への資金交付）を行います
※2　相続発生時にペットをお世話してくれる人に引き渡す事務を委任する契約（死
　　後事務委任契約）を生前に締結します
※詳細はウェブサイトで要確認

出典：「三井住友信託銀行」パンフレットより作成

Column 「ポケモン GO」が シニアに人気？

　ある日、こんなツイートを見かけました。「駅前にポケモン GO を やっている人がいっぱい。キッズとシニアの比率が１対99くらい」。

　「ポケモン GO」という言葉くらいは聞いたことがあるでしょう。 スマホに専用アプリを入れ位置情報を活用することにより、現実世界 そのものを舞台としてプレイするゲームです。ふしぎな生き物「ポ ケットモンスター」略して「ポケモン」を捕まえたり、バトルさせた りすることができます。

　2016年に登場し爆発的に流行。その後も、根強いユーザーが残り、 いまでは60、70代に人気だとか。基本無料で遊べるうえ、比較的操 作は簡単。一部課金制のアイテムがあるものの、ある程度自由に使え るお金がある“おとな”なら自分の意思で買えます。そして、「遊ぶ ＝外を歩く」なので健康によい！　イベントで会ううちに、声を掛け 合い友人関係になっていく等、その行動パターンがシニアに受け入れ られやすいものだったのでしょう。

　もしかすると、ポケモンを GET しようと屋外を歩くのは、子供の 頃に楽しんだ昆虫採集を彷彿させるのかもしれません。シニアの楽し み方って、いろいろあるんですね。

※ポケモン・Pokémon は任天堂・クリーチャーズ・ゲームフリークの登録商標

第 2 章

背伸びしないで稼ぐ

仕事を通して人々とのつながりを持つことで社会に貢献できる可能性があります。一方、人材不足のなか、人生経験豊かなシニア世代に、"働き手"としての期待が高まっています。

「シルバー人材センター」に会員登録

● 各自治体に設置

　「シルバー人材センター」という名称を聞いたことがある人は多いと思います。企業や公共団体等から仕事を引き受けて、シニア世代に提供しています。シニア世代が働くことを通じて生きがいを得るとともに、地域社会の活性化に貢献しようという組織です。原則として市(区)町村単位に置かれており、都道府県知事の指定を受けた公益(一般)社団法人で、それぞれが独立した運営をしています。

　利用したい場合は、まず、地元のセンターの会員になることが必要です。会員になれるのは、原則60歳以上の健康で働く意欲のある人。入会説明に賛同すれば、会費を納めます(2,000円程度／年)。新入会員のための研修会も行われています。

● 幅広い仕事内容

　仕事内容の幅は広く、企業内での仕事や家事支援サービスのほか、公共機関での施設管理、公園の掃除等いろいろとあります。

　多くのセンターでは、センター内の掲示板やウェブサイトで仕事を紹介。個人家庭の買い物や食事の支度の援助、社会問題化している空き家の管理(見回り、除草、樹木の枝下ろし)や人手不足企業からの依頼の対応。地域の高齢者向けのパソコン教室や観光ガイド等の仕事も、人気が高いようです。

● 収入保障はない

　仕事内容は技術的なものを除いて臨時的、短期的、軽易なものが中心です。そのため、仕事と収入は生活を保障するものではありません。スタイルは請負または委任契約となります。全国平均で月8〜

10日就業した場合、月額3～5万円程度。収入を得ても、もちろん年金を受け取ることはできます。ただし、収入は雑所得となるため確定申告（P66）が必要となる場合があります。

　センターの仕事は、発注者が払う料金から対価が支払われます。お金をもらう以上、「プロのサービス業」との意識で取り組むことが求められます。とはいえ、働き手は全員60歳以上。「発注先も『シニア』と理解したうえなので、若い人のように迅速でなくても引け目を感じなくていいので気持ちがラク」との声も聞きます。

　また、センターでは地域社会への貢献と事業の普及のためにボランティア活動も行っています。防災の日や地区マラソン等の日には、会員に対して募集があるようです。もちろん、希望者のみの参加ですが、地域の仲間と出会うチャンス。請け負う仕事についての情報交換にも役立つでしょう。

シルバー人材センターでの仕事内容 (例)

家庭での仕事

- 家事援助サービス
  （その他、簡単な作業）
- パソコン出張指導

会社内での仕事

- 清掃　　施設管理
- 自転車整理、屋外軽作業
- 各種手作業
- 各種一般事務
- 駐車場管理

一定した収入（配分金）の保障はありませんが、全国平均で月8～10日就業した場合、月額3～5万円程度

「家事」に需要あり！

◉ 共働きが増加している

　筆者の若かった頃には「腰掛け就職」という言葉がありました。女性は高校や短大、大学を卒業後、いったん就職するのですが、結婚と同時に退職。筆者の友人でも、一時的に就職する「腰掛け」組が圧倒的に多数派でした。

　いつの間にか時代は変わりました。1980年以降、夫婦共働き世帯が増加。1997年以降は共働き世帯数が男性雇用者と専業主婦からなる世帯数を上回っています。背景には、女性の大学進学率の上昇や社会進出の機会が増えたこと、男性の賃金低下や失業率の上昇に伴う世帯の経済状況の困難等が存在します。共働きが当たり前のいまの若い世代は、腰掛け就職という言葉を知らない人が多いかもしれません。

◉ 家事代行サービスが盛況

　共働き世帯のほか、単身世帯や高齢世帯の増加により、家事代行サービスのニーズが高まっています。そして、いまではそれを利用することは "贅沢" ではなくなっているようです。

　ニーズの広がりにより事業者も増加し、IT を活用したベンチャー企業も参入しています。例えば「タスカジ」(https://taskaji.jp/) は、依頼したい人と家事代行者をマッチングさせるサービスです。

　依頼したい人は登録された個人のハウスキーパー (タスカジさん) をスマホで選び、直接やり取りして、掃除、洗濯、料理、片付け等をお願いします。テレビのバラエティー番組で作り置き料理が得意なタスカジさんを見たことがあります。なんとタスカジさんと一緒に『予約がとれない伝説の家政婦が教える魔法の作りおき』(主婦と生活社)

等、家事に関する本も多数出版しています。

○「お母さん」にもニーズ

関東でユニークな家庭支援サービスを展開するぴんぴんころりという会社があります。事業名は「東京かあさん」（https://kasan.tokyo/）。家事代行やベビーシッターの枠にとどまらず、もう1人のお母さんを持てるサービスです。「熟練主婦の経験と知恵を活かしたサービス」で家事やベビーシッター、人生相談……、基本的にはお母さんができることは何を頼んでもOKだとか。

「お母さん」に登録しているのは約1,200人の女性で平均年齢は65歳。一方で、利用者の9割が子育て世帯だそうです。

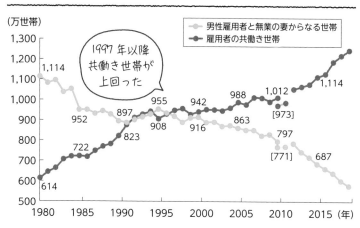

共働きが普通の時代に

（万世帯）

凡例：
男性雇用者と無業の妻からなる世帯
雇用者の共働き世帯

1997年以降共働き世帯が上回った

1,114
952
897
955
942
988
1,012
1,114
722
823
908
916
863
[973]
614
797
[771]
687

1980　1985　1990　1995　2000　2005　2010　2015　(年)

※2010年の〔　〕内の数は、岩手県、宮城県、福島県を除く全国の結果

出典：厚生労働省「令和2年版厚生労働白書」

3

「アクティブシニア就業支援センター」って？

◉ 約9割が高齢期にも就業意欲

　あなたは何歳頃まで収入を伴う仕事をしたいでしょうか。60歳以上に尋ねた調査があります（右）。現在収入のある仕事をしている人の場合、約4割が「働けるうちはいつまでも」と回答しており、70歳くらいまで、またはそれ以上との回答と合計すれば、約9割が高齢期にも高い就業意欲を持っている様子がうかがえます。

　そして、実際、就業状況を見ると、70〜74歳でも、男性の40％超、女性の25％が働き続けています。

　働く理由は、生活費のため以外にも、生活の質を充実させるためにという人も多いようです。

◉ シニア向け無料職業紹介所

　各都道府県では、シニア向けの無料職業紹介所を開設するところがあります。例えば東京都の場合、「アクティブシニア就業支援センター」を都内10ヵ所に設置。おおむね55歳以上の人を対象にしています。シニア人材の採用に積極的な企業の求人を取りそろえており、無料で利用できます。再就職支援セミナー、就職面接会等各種イベントも行われています。

　民間の職業紹介所のなかにも、シニア世代を対象とするところはあります。ただ、キャリアにブランクがあるほど、紹介会社での仕事探しは難しくなる傾向があり、利用するなら、定年退職前の登録がよいようです。

高齢期も「働きたい」人が多数

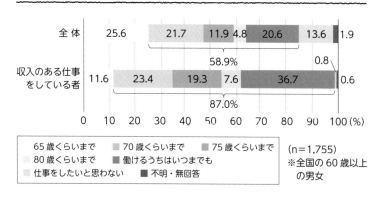

出典：内閣府「令和4年版高齢社会白書」

現在働いている理由

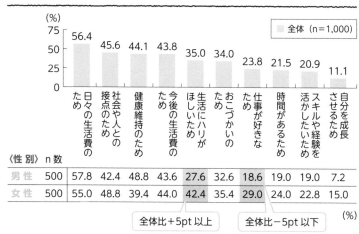

〈性別〉n数										
男 性	500	57.8	42.4	48.8	43.6	27.6	32.6	18.6	19.0	19.0	7.2
女 性	500	55.0	48.8	39.4	44.0	42.4	35.4	29.0	24.0	22.8	15.0

全体比＋5pt以上　　全体比−5pt以下 (%)

※全国の働くシニア（60〜79歳）男女

出典：大和ネクスト銀行「働くシニアの仕事と生活に関する実態調査2017」

「新聞配達」で健康的な暮らし

◎早朝3時40分から5時過ぎまで

　中日新聞販売店の求人情報ウェブサイトに、70代男性のインタビューを見つけました。「55歳の時にWEB上に出ていた求人広告を見たのが仕事を始めたきっかけです。定年間近だったので『今後の人生で少しでも役に立つことができたら。定年後も続けられたらいいな』と軽い気持ちで応募しました。結局は70歳を過ぎるまで会社勤めをしていたので、それまでは朝刊配達との兼業でした。退職後は夕刊配達も始めて、気付けば25年間続けていますね」。早朝3時40分頃に出勤して、5時過ぎには朝刊の配達が終わり、体を休めて15時から16時20分まで夕刊の配達だとか。朝刊は150軒、夕刊は100軒程のお宅にバイクで配達するそうです。

　すごいな、と感心します。「仕事をしていてよかったことは？」との問いに、「健康になったこと！」と答えておられます。

※引用：https://www.chunichi-job.jp/interview3

◎時給1,000円程

　別の地方紙の配達員アルバイトの募集記事に、時給の目安が載っていました。それによると1,050円から1,300円程です。もちろん地域や配達部数によって異なるでしょう。

　雨の日も雪の日も、台風の日にも配達はあるので決して楽な仕事とはいえません。ただ、短時間勤務なので、日々のルーティーンとなればやりがいを感じられるだろうなと想像します（筆者には3時40分の出勤は難しいですが……）。

5 かしこくお得に「ポイ活」

● 効率的にポイントを得る方法

　日々生活をしていると、さまざまなポイントが貯まります。あなたはどんなポイントを貯めているでしょうか。スーパーマーケットやコンビニエンスストア、インターネット通販等で買い物をするだけでなく、近頃はポイントサイトで貯める方法もあり、ポイントを効率よく貯めて使うことを「ポイ活」と呼びます。

　効率的にポイントを貯めるには、利用するショップやサービスを絞り、利用するクレジットカードを決めることが大切。光熱費等月々の固定費もそのクレジットカード払いにするといいですね。さらに、下記の共通ポイントだと、業種を越えて、数多くの店舗、サービスで貯めることができます。

　ただし、買い物でポイ活にハマると、貯まっていくポイントを見るのが楽しくなることがあるので注意しましょう。不要なものを購入することにもつながりかねず、本末転倒です。

4 大共通ポイント

▶ Tポイント

▶ Pontaポイント

▶ dポイント

▶ 楽天ポイント

多様な加盟店で
利用することが
できるポイント

6 「アンケート」「モニター」で 現金やポイントを獲得

● スキマ時間に調査協力

「アンケート」や「モニター」は企業の商品開発、既存商品の改善を行う際に、人々はどう思い、何を求めているかを調べるために行われるものです。

筆者は子育て時期に結構はまりました。当時は調査会社に登録し、ファクスで届いたアンケート用紙に記述。またファクスで戻していました。ときどき、商品に関する座談会にも参加。座談会は定員があるので、なかなかお呼びがかからないのですが、参加すると1回当たり5,000～1万円くらいの謝礼が出ました。数十年前ですから、かなり高額です。子供用商品に当時小学生の長男を応募させて、連れて行ったこともありました。

● 企業直のモニターもある

アンケートやモニターに参加を希望する場合、調査会社に登録することが一般的な手法です。専用のウェブサイトがいくつもあり、複数に登録している人もいます。

その他、調査会社を通さずに、企業から直に来るアンケートやモニターもあります。筆者もごく最近、愛用している化粧品会社のモニターに参加。開発中のファンデーションを1週間利用して、メールアンケートに回答したところ、後日2,000円分の商品券が送られてきました。

朝日新聞には紙面モニター制度があります。新聞記事に関するアンケートに、2週間に1回、インターネットを通じて回答します。1回につき1,500円分の図書カードを任期終了時にまとめてもらえます。モニターの任期は6ヵ月で、人数は約200人だそうです。

● 調査会社の選び方

インターネットで「アンケートサイト」と検索するとたくさんの
ウェブサイトが出てきます。多すぎて困惑してしまいます。情報だけ
渡して、本当に謝礼が出るのだろうかと不安にもなるでしょう。

企業側とすれば、その意見を言っている人がどういうバックグラウ
ンドなのかを知る必要があるので、結構な個人情報を提供することに
なります。ですから、何でもかんでも応募すればよいわけではありま
せん。

ウェブサイト内に、「情報の取り扱い」というページを設けて、しっ
かりとその内容を記述している調査会社を選びましょう。プライバ
シーマークを取得していたり、「SSL」と呼ばれる特殊暗号通信技術を
使用していたりすることも安心の目安となります。また、どのような
企業が運営しているのか、会社概要のページをクリックして親会社を
確認してみることをお勧めします。

アンケート／モニターサイト（例）

▶ 「マクロミルのモニタサイト」
https://monitor.macromill.com/
運営会社：株式会社マクロミル

▶ 「infoQ」
https://infoq.jp/
運営会社：GMOリサーチ株式会社

▶ 「リサーチパネル」
https://research-panel.jp/
運営会社：株式会社リサーチパネル

WEBアンケート
や調査、座談会等を
行うサイトの例。
選ぶ際は慎重に！

7 「覆面調査」をやってみる？

◉一般客のふりをして飲食

　「覆面調査（ミステリーショッパー）」とは、一般客を装って飲食店等へ行き、接客やサービスについて調査する手法のことです。普段のサービス状況を調査することが目的なので、調査員が来店していることは店のスタッフには知られないようにします。そして、その調査内容は、店舗の改善に活用されます。

　覆面調査といえば、「ミシュラン」を思い浮かべる人が多いかもしれません。木村拓哉さん主演のドラマ『グランメゾン東京』では、ミシュランの調査員が極秘で調査を行う様子が描かれていました。

　プロの調査員ではなく、一般客が覆面調査員になることで、"生の声"を届けられることになります。

◉調査の流れ

　飲食店のほか、美容、通販、ショッピング等の業界への覆面調査もあります。インターネット検索をすると、さまざまな事業者が出てきます。

　業界大手の「ファンくる」（https://www.fancrew.jp/）の場合、会員登録をして、ウェブサイト内で気になるお店を選んで申し込みをします。当選したら、あらかじめ決められたモニター内容をチェックした後に、お店に行って、調査と気付かれないように飲食。帰宅後に簡単なアンケート等を提出します。現金に交換可能なポイントにより、利用金額の一部が支払われる仕組みです。

　還元率はいろいろですが、飲食した代金の50%とか、なかには100%戻ってくる場合も。調査のための訪問なので、調査項目を意識しながら店舗を見ることになり落ち着かない反面、新たな発見があり楽しめることもあるでしょう。

8 「治験モニター」にトライする？

● 薬開発のための臨床試験

　新しい薬を開発するためには、効果や安全性を調べる必要があります。動物実験等を経て、健康な人や患者の協力によって、厚生労働省の承認を得るために行われる臨床試験を「治験」と呼びます。

　本来、ボランティアとして参加するものなので謝礼は支払われませんが、「負担軽減費」または「協力費」等と呼ばれるお金がもらえます。病院に通院するものや、なかには入院するものもあります。治験モニターを募集するウェブサイトをのぞくと、新型コロナウイルスの予防薬等も掲載されていました。

　健康にかかわることなので、参加するかどうかは自己責任で判断を。関心があれば、各事業者のウェブサイトをしっかり読み、説明を聞いたうえで参加しましょう。

治験はどんな病院で？

**治験を行う病院は、
「医薬品の臨床試験の実施の基準に関する省令」で
次の要件を満たす病院**

- 医療設備が充分に整っていること
- 責任を持って治験を実施する医師、看護師、薬剤師等がそろっていること
- 治験の内容を審査する委員会を利用できること
- 緊急の場合には直ちに必要な治療、処置が行えること

出典：厚生労働省ウェブサイト

自分の「スキル」をネットで売る

◉ 愚痴聞き、献立提案等さまざま

「ココナラ」（https://coconala.com/）というウェブサービスを知っていますか。紹介文には、「個人のスキルを売り買いできる日本最大級のスキルマーケットです」と書かれています。

あなたの「スキル（得意なこと）」を販売できるかもしれません。

例えば、絵が得意な人は「イラスト・漫画」、人の話を聞くのが得意なら「話し相手・愚痴聞き」というカテゴリーに登録。「誰かとちょこっと話したいとき、5分でもお話聞きます」とか、「ちょっと愚痴をこぼしたいとき、5分でも」等のキャッチが並んでいます。電話の場合、1分100〜200円くらいが多いようです。自己紹介文に「カウンセラーの資格は持っていません」等と書いている人もいます。

「夕食の献立で悩む方へアドバイスをします」というキャッチもありました。「スーパーで買いたい食品、気になる食品を見つけたらメッセージを送ってください。どう調理したらいいか、返信します。翌朝にリメイクしてお弁当に入れる方法もお伝えします」の料金は1,000円でした。

このウェブサービスを見ていると、思いがけないものが商品になるのだと感心します。利用した人の評価コメントもついているので、買う側としても参考になります。

サービスのカテゴリは450種類以上。販売が成立した場合の手数料は22％です。

◉ 店舗を構えずに個人事業主になる

スキルというより、「サービス（仕事）」を売りたい人もいるでしょう。ハウスクリーニングや不用品回収、引っ越し等の暮らしにまつわ

るサービスを手軽に販売できるウェブサービスがあります。似たようなものはいくつかあるようですが、その1つは「くらしのマーケット」(https://curama.jp/)。300種類以上のサービスが掲載されています。出店審査があり、業務経験のあるプロが登録しています。業種によっては資格が必須。

　検索するとカテゴリーごとに複数の事業者が出てくるので、利用者とすれば比較検討しやすくなっています。利用した人の口コミも選ぶ際の参考になります。筆者もここのウェブサイトからエアコンクリーニングを依頼したことがあります。誠実な雰囲気の人が来てくれて、大手のクリーニング業者に頼むより割安でした。

　登録するための初期費用・月額費用は無料で、予約が成立した場合に事業者がくらしのマーケット側に手数料を支払います。うまく活用すれば、店舗を構える必要がないので、定年後の独立開業に役立ちそうです。もし、売る側に関心があるなら、まずは買う側になってウェブサービスの仕組みを研究してはどうでしょう。

「ココナラ」の仕組み

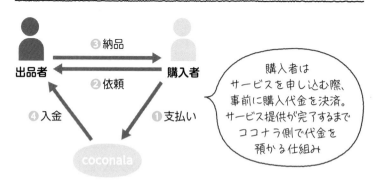

出典：「ココナラ」ウェブサイトより作成

「介護の仕事」は喜ばれる

● 資格取得の助成がある

　介護関係の仕事は、シニアにも需要は高いといえます。介護を受ける人にとっても、年代が近いと親しみやすい面があるのでしょう。

　訪問介護の仕事は、入浴、排せつ、食事等要介護者の体に触れて行う「身体介護」と、掃除や洗濯、食事作り等の「生活援助」に分かれます。生活援助は介護の資格がなくても従事可能ですが、身体介護は無資格ではできません。「介護職員初任者研修」を受講し、試験に合格する必要があります。

　この資格は、介護を行ううえで必要な知識、技術、考え方を身につけ、基本的な介護業務を行えるようにするための介護の入門編です。講義と演習で構成される約130時間の研修を受講後、修了試験が行われます。諸条件はありますが、自治体や介護関連事業所で、受講料の助成を行っているところもあるので要チェックです。

　一例ですが、東京都では、介護人材の安定的な確保と育成を図るため、「介護人材確保対策事業」を行っており、就労に向けた資格取得を支援しています。

● 介護の施設には多様な仕事が

　知人の男性は大手企業を定年退職後、グループホームの職員となりました。認知症の人が少人数で暮らす家庭的な雰囲気の施設です。介護現場での仕事は、専門的なスキルが必要だと考えがちですが、施設には食事の配膳や洗い物、レクリエーションの企画（誕生日会、ひな祭り等）等、さまざまな業務があります。入居者の話し相手や見守りのお手伝いも大切な仕事です。

11 「保育の仕事」にチャレンジ

○シニア世代に白羽の矢

　保育士資格を持っている人は結構いるのではないでしょうか。多くの国家資格は一度取得すれば法令違反等がなければ基本的に生涯有効であるように、保育士も例外ではありません。

　保育園の利用者は年々増加傾向にあります。しかし、潜在保育士（資格は持っているが、保育士をしていない）が多くて人材不足。そこで、人生経験が豊かなシニアの手を借りたいという動きがあり、60代以上の求人が少なくありません。以前取材した60代の女性は、「市の広報に募集があってパート勤務を始めた」と言っていました。「腰に負担がある。でも、やりがいもある」とも。彼女は保育士資格を有していますが、補助業務なら資格がなくても働けるようです。

　興味があれば、ハローワークに問い合わせてみましょう。週に2日とか、午前中だけとか、短時間のパートもあります。

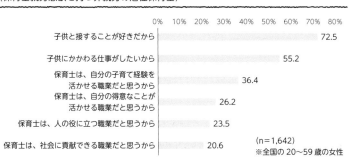

保育士として働いてみたいと思う理由

（保育士就労意欲を持つ非就労の潜在保育士）

子供と接することが好きだから	72.5
子供にかかわる仕事がしたいから	55.2
保育士は、自分の子育て経験を活かせる職業だと思うから	36.4
保育士は、自分の得意なことが活かせる職業だと思うから	26.2
保育士は、人の役に立つ職業だと思うから	23.5
保育士は、社会に貢献できる職業だと思うから	20.6

（n＝1,642）
※全国の20〜59歳の女性

出典：野村総合研究所「潜在保育士の6割が保育士としての就労を希望」（2018年10月3日）より作成

「身辺整理」しながら お小遣い

● スマホで「譲る」

　「断捨離」という言葉が頻繁に使われます。最近では、「ミニマリスト」という、持ち物をできるだけ減らし、必要最小限の物だけで暮らすライフスタイルを貫く人も増えつつあります。

　知人の70代女性も、65歳あたりから、持ち物を減らし始めました。「いつ、何があってもよいように『身辺整理』よ」と微笑みます。「物を減らすと、好きな物だけに囲まれ、気持ちがよい」とも。

　持ち物を減らすには、捨てなければなりませんが、まだ使える物や思い入れのある物をゴミ箱にポイッとする気持ちになりにくいものです。そんなときは、捨てる代わりに、「譲る」ことを考えてみましょう。

　人気の手法の1つは、フリマアプリの「メルカリ」(https://jp.mercari.com/) を使うこと。売りたい商品を撮影し、案内にそって商品の状態や価格、配送方法を設定するだけで出品手続きは完了します。

　筆者も何度か「捨てるに捨てられないもの」を売ったことがあります。新品 (未開封) のまま使っていなかった電動歯ブラシや、大好きだったけれど年齢的に持つことがなくなっていたハンドバッグ等。いずれも、すぐに買い手が現れました。特にハンドバッグは、どこの誰かもわからないものの、お礼コメントに先方の笑顔が感じられ、嬉しくなりました。どちらも数千円という悪くない金額でした。

● サクッとリサイクルショップへ

　ただ、メルカリは出品した商品について、閲覧者から質問がきたり、「値下げはしません」と書いておいても、値下げ交渉がきたり……。何より、必ず売れる保証はなく、「売れるかな」と気にする時間が生じます。そして、その間、「出品物」はずっと手元にあるわけで

す。

　売買が成立したら、「待たせないように」とか、「きれいに包装しなければ」と、それなりに気をつかいながら自分で発送することになります。

　なので、好みは分かれると思います。リサイクルショップに持ち込めば、もっとサクッと売れる可能性があります。本なら古本屋に買い取ってもらう方法もあるでしょう。

　ただ、筆者がメルカリで売ったもののうち、ハンドバッグは、コアなファンはいるものの、世間ではあまり知られていないブランドなので、リサイクルショップでは引き取ってもらえなかっただろうと推察します。それに、リサイクルショップに持ち込むと、そのバッグの行き先はわからないままです。思い入れのあった商品だったからこそ、手を挙げてくれた人に、直接（宅配便で、顔も名前もわからない人ですが）渡せて気持ちはスッキリとしました。

メルカリは断捨離に役立つ？

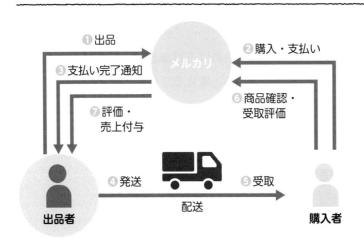

出典：「メルカリ」ウェブサイトより作成

13 「ユーチューバー」になる？

◯ 幅広い世代に人気がある

「YouTube（ユーチューブ）」は世代に関係なく人気です。

コロナ禍で外出自粛が続いた頃、筆者も、いくつかのチャンネルを登録し見ていました。フレンチブルドッグを中心とした「犬」動画、スペイン旅行に行けないストレスを発散するための「フラメンコ」動画、それに、シニアのための「投資塾」なるものでお金の勉強もしていました。

また、コロナ禍以降、講演活動はオンラインになっていき、何度か、ユーチューブで話すことも経験しています。

◯ 再生回数を伸ばすことが大事

いまや、ユーチューバーは子供のなりたい職業の上位に出てくる時代です。

人気のあるユーチューバーが得ている年収の平均は800～900万円といわれています。なかには、数千万円を得ている人もいるそうです。でも、当然ながら、食べていけるのはほんのひと握り。

発信する操作自体は、慣れればそれほど難しいことではないでしょう。けれども、お金を得ようと考えるなら、登録者数や再生数を増やさなければなりません。

ユーチューブでの最もポピュラーな収入源は、広告収入です。配信する動画内に広告を表示させ、再生数に応じて報酬が得られます。また、ライブ配信を見ているユーザーからの"投げ銭（寄付）"も収入源となるようです。オリジナルの商品を作成して販売している人もいます。

朝日新聞に「増えるシニアユーチューバー　再生125万回のヒットも」という記事（2021年8月21日）がありました。シニア世代のユーチューバーの動画のなかにも、大人気のチャンネルがあるようです。

● 人気シニアブログも

シニアの書くブログのなかにも、人気の高いものがあります。「にほんブログ村」(https://blogmura.com/) というウェブサイトには、「シニア日記」というカテゴリーがあり、ときどきのランキングが表示されています。人生経験豊富なシニア世代だからこそ、内容に厚みがあり読み応えがあるのでしょう。タイトルを見るだけでも、心惹かれます。ブログもユーチューブと同じく、広告収入を得ることが可能です。

もちろん、収入を得られれば嬉しいと思いますが、ITを介しての人々との交流は、日常の交友関係とは比較にならない数。国内だけにとどまらず、世界中の人に見てもらえる可能性を秘めています。自分の持っている知識が誰かの役に立てば、自己肯定感につながり、それは大きなやりがいになるのだろうと想像します。

60代も 6割近くが YouTube を利用

主なソーシャルメディア系サービス / アプリ等の利用率

	全年代(n=1,500)	50代(n=287)	60代(n=282) (%)
LINE	90.3	85.4	76.2
Twitter	42.3	29.6	13.5
Facebook	31.9	26.8	19.9
Instagram	42.3	30.3	13.8
mixi	2.3	0.7	0.4
GREE	1.3	1.0	0.0
Mobage	2.7	2.4	1.4
Snapchat	1.5	0.3	0.4
TikTok	17.3	7.7	6.0
YouTube	85.2	81.2	58.9
ニコニコ動画	14.5	7.7	7.8

出典：総務省「令和2年度情報通信メディアの利用時間と情報行動に関する調査」より作成

「確定申告不要制度」とは

◉年金収入 400 万円以下は申告免除

　主な収入源は"年金"だという人の大半は、確定申告をしていないと思います。勤めている人も給与から源泉徴収として税金を天引きされ、年末調整によって精算されるので、確定申告はしていないはずです。

　けれども、今後、ここまで紹介したような（あるいはそれ以外の）仕事を始める場合は、確定申告が必要になるかもしれません。

　そもそも、確定申告とは税金を納める手続きのことです。1月1日〜12月31日までの収入から必要経費を差し引き、所得を計算します。

　手間のかかる作業なので、年金受給者の申告手続きの負担を減らすため、公的年金等に係る「確定申告不要制度」が設けられています（税金は年金から天引き）。これにより、公的年金等による収入が400万円以下で一定の要件を満たす場合には確定申告を行わなくてもよいことになっているのです。

　言い換えれば、年金以外に何らかの収入を得るようになると、その額によっては確定申告が必要になるということです。

◉所得 20 万円超で申告義務

　右図の通り、年金収入が年400万円より少なくても、給与やパート・アルバイト等の所得合計が年間20万円を超えた場合、確定申告をする義務があります。

　所得金額は「収入金額−控除額」の式で算出されます。例えば、給与所得控除の最低額は55万円なので、年間の給与収入が75万円を超えると所得金額が20万を超えることになり確定申告が必要となります。

　一方で、確定申告を免除されていても、あえて行うことでお金が戻ってくるケースがあります。例えば、住宅ローン控除や医療費控除

がある場合。ほかにも社会保険料、生命保険料等の所得控除の対象に該当する場合です。

○ 必要に応じ扶養親族等申告書を提出

あなたのところに、「扶養親族等申告書」は送られてきているでしょうか。公的年金を受け取っている人のうち、納税している人には、日本年金機構から年に1回送られてきています。公的年金等の受給者が、その年の公的年金等について各種控除を受けるために必要な書類です。

配偶者や扶養親族がいる人、さらに自身が障害者や寡婦 (夫が亡くなり、再婚をしていない女性で所得500万円以下) に該当する場合は、必ず返送するようにしましょう。

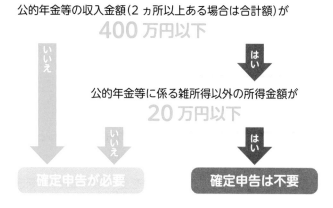

確定申告不要制度とは

公的年金等の収入金額 (2ヵ所以上ある場合は合計額) が
400万円以下

いいえ → / はい ↓

公的年金等に係る雑所得以外の所得金額が
20万円以下

いいえ ↓ / はい ↓

確定申告が必要　　確定申告は不要

出典:「政府広報オンライン」より作成

「マルチジョブホルダー制度」で雇用保険に加入

● ダブルワークで雇用保険に

　本章では、どちらかといえば、ゆったりとした働き方について紹介してきました。けれども、「働けるうちは、仕事メインでいこう」と考える人もいるでしょう。パートタイムを2つ、3つと掛け持ちする人もいるかもしれません。労働力の不足から、経験値の高いシニアへの期待が高まっています。

　以前は、「週の労働時間20時間以上、かつ31日以上の雇用見込み」等の条件を満たさなければ雇用保険に加入できませんでした。しかし、2022年に「雇用保険マルチジョブホルダー制度」がスタートしたことにより、シニア世代の雇用保険加入条件が緩和。1つの事業所勤務では条件に該当しなくても、2つの事業所の労働時間を合計して1週間の所定労働時間が20時間以上であり、どちらの雇用見込みも31日以上であれば加入できるようになりました。3つ以上に勤務している場合は、うち2つを選択して申請します（条件を合算できるのは2つの事業所の労働時間のみ）。

　通常の雇用保険は、事業主が資格取得・喪失の手続きを行いますが、この制度では、加入を希望する本人がハローワークに申請を行います。

● 失業手当を受け取れる

　マルチジョブホルダー制度で雇用保険に加入すると、離職した場合、離職の日以前1年間に、被保険者期間が通算して6ヶ月以上あること等の要件を満たせば、失業手当を受け取ることができます。「高年齢求職者給付金」といいます。2つの事業所のうち1つだけを離職した場合でも受け取ることが可能です。

また、雇用保険に加入していれば、配偶者や親の介護で休職が必要となった場合は、「介護休業給付金」も支給の対象となります。この休業は通算93日を最大3回分割して取得でき、93日分を上限に賃金の67％程が支給されるものです。

給付金が出るのと出ないのとでは大違い。自分自身はどう働くか、働きたいか、しっかり考えたいものです。

雇用保険マルチジョブホルダー制度の
適用対象者

① 複数の事業所に雇用される 65 歳以上の労働者であること

② 2 つの事業所（1 つの事業所における 1 週間の所定労働時間が 5 時間以上 20 時間未満）の労働時間を合計して 1 週間の所定労働時間が 20 時間以上であること

③ 2 つの事業所のそれぞれの雇用見込みが 31 日以上であること

うち 2 つの事業所での労働時間

事業所 1	15 時間 / 週	
事業所 2	8 時間 / 週	週所定労働時間 20 時間以上 かつ それぞれの事業所で 31 日以上 雇用見込みあり
事業所 3	6 時間 / 週	

65 歳以上
2 つ以上の
事業所で雇用

合計

※上記の 1 と 2 の事業所で雇用保険の適用を受けた場合、2 を離職しても、1 と 3 の労働時間が 20 時間以上あるため、1 と 2 で喪失に係る届出後、改めて 1 と 3 の加入に係る雇入が必要

出典：厚生労働省「『雇用保険マルチジョブホルダー制度』を新設します」パンフレットより作成

スマホを使いこなそう！

　「スマホは買ったけれど、思うように使えない」「アプリやオンライン手続きを利用できるようになりたい」と思っている人もいるかもしれません。

　ここまでのページで紹介したサービスにも、インターネットを使わなければ情報を取りにくいものがあります。このあとのページにも出てきます。また、行政手続き等も、どんどんオンライン化しています。

　P22で紹介した公民館の講座で、スマホ教室を行っているところがあり、シニア世代がタブレットやスマホを手に、楽しみながら学ぶ様子を取材したことがあります。

　総務省では、「誰一人取り残されないデジタル社会」の実現と標ぼうし、シニア世代等デジタル活用に不安のある人に向けて、基本的なスマホの使い方から、さまざまなオンライン手続きの利用方法まで、身近な場所で学べる「デジタル活用支援講習会」を2021年から全国各地で実施しています。2025年度までの5年間でのべ1,000万人のシニアの参加を促す構想です。

　携帯ショップや地域の公民館等で開催しているので、利用したい場合は、スケジュールを聞いてみましょう。国から補助金がおりているのですから、「無料で教えてもらうなんて、申し訳ない」と思う必要はありません。

第 3 章

安心、便利な商品・サービス

若い頃と違って、聴力や視力等の衰えを感じることが増えた

かもしれません。「不便になった」と嘆いていないで、少しでも

便利に、快適に使える商品やサービスを探してみませんか。

「サプリ」や「健康食品」を利用する？

おとな用の粉ミルク!?

　必要な栄養素をまんべんなくとろうと食事を工夫しても、なかなか難しく、「サプリ」や「健康食品」に頼っている人は多いと思います。同年代以上の知人に聞いても、利用している人が多数派の印象です。テレビCMや新聞、雑誌の広告で相当目にするので、その影響も大きいでしょう。

　筆者もカルシウムや大豆イソフラボンのサプリを常用しています。幾度か粉になっている青汁も購入しましたが、それは続かず、数年前から、毎朝小松菜とフルーツでスムージーを作って飲んでいます。

　ドリンク系でいうと、おとな用の粉ミルクを愛用している人に会ったことがあります。複数のメーカーから売られており、メーカーごとに、含まれている栄養素に特徴があるようです。牛乳ではとれない栄養素が含まれるらしく、常温保存ができ「手軽」だと言っていました。水で簡単に溶け、長期保存も可能だそうです。

　また、睡眠の質を高める機能が報告されている乳酸菌飲料もかなり話題になりました。

病気を治すものではない

　こうした健康食品にはいくつかの分類があります。「保健機能食品」という言葉を聞いたことがあるでしょうか。消費者庁が許可するもので、例えば「お腹の調子を整える」とか、「内臓脂肪を減らすのを助ける」というように、国が定めた安全性や有効性に関する基準に従って、その機能を表示できる商品です。なかでも、「特定保健用食品」に関しては、個別許可を得ており、通称「トクホ」と呼ばれています。

　国の許可を得ていても、得ていなくても、サプリや健康食品は医薬

品ではありません。品質の管理は製造業者任せです。病気を治すものではないので、自己判断で医薬品から換えることは危険です。あくまで、足りない成分を補うものだと認識し、口コミや体験談、販売広告等の情報を鵜呑みにしないようにしましょう。製造業者や販売業者の名前を確認し、信頼できる事業者の商品を利用したいものです。よくわからない業者の輸入品等には、手を出さないほうが賢明です。

　また、多量にとると健康を害するリスクが生じるので、1日当たりの摂取目安量を守りましょう。まれに、肝臓等への障害を発症することがあるようです。気がかりなことがあれば、P102で紹介するかかりつけ薬剤師に相談しましょう（気がかりなことがなくても、使っていることを話しておくとよいと思います）。

　上手に活用すれば、手軽に健康維持に一定の効果が望めるかもしれません。下の図を参考に、その商品の位置付けにも注意しながら、情報を集めて選びたいものです。

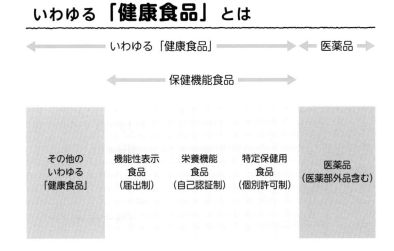

いわゆる「健康食品」とは

	いわゆる「健康食品」				医薬品
		保健機能食品			
その他の いわゆる 「健康食品」	機能性表示 食品 （届出制）	栄養機能 食品 （自己認証制）	特定保健用 食品 （個別許可制）		医薬品 （医薬部外品含む）

出典：厚生労働省ウェブサイト

「耳が遠く」てもテレビの音が聞こえやすい

2

◉ 老いとともに難聴の人が増加

テレビの音が聞こえづらく、大音量にしている人はいませんか。一方で、「そんなに音量を上げて、うるさい！　ご近所迷惑」と配偶者に対して不満に思っている人もいるかもしれません。

右のグラフは、縦軸に「音の強弱」、横軸に「音の高低」をとったものです。20代では、音が小さくても、低い音・高い音をどちらも十分に聞き取れていることがわかります。しかし、50代になると高い音が聞こえにくくなり、70代では大きな音でも高い音が聞こえにくくなるそうです。

難聴は65歳を超えると急に増加し、60代前半では1〜2割、60代後半では3割、75歳以上になると7割以上との報告もあります。

◉ 難聴は認知症を引き起こす危険因子

難聴は認知症を引き起こす危険因子と位置づけられています（厚生労働省）。聴力機能が低下すると、日常生活が不便となりコミュニケーションが困難になる等、生活の質を落とす原因となるためです。

聞こえが悪くなったら、耳鼻科を受診しましょう。根本的な治療法はありませんが、適切な補聴器を選ぶことで生活の質は保たれます。自治体によっては、認知症予防等を目的に補聴器の購入費用の助成を行っているところもあるので問い合わせてみましょう。

◉ テレビの音が明瞭になる

タレントの高田純次さんが紹介しているスピーカーのCMを見たことがあるでしょうか。テレビに接続して使えば、音量を上げなくても聴こえやすくなるという、特殊な構造の「ミライスピーカー」です。

音量を大きくするのではなく、音を明瞭にして聞きやすくするため、一般的な聴力を持つ人が使っても、不快には感じないそうです。

こういう商品は、相性が大きいと思います。公式ウェブサイトでは使ってみて効果が感じられない場合は、60日間の返金保証サービスを行っているので、気になる場合は試してみるのも一案です。

ほかにもいろいろあります。ソニーの商品は「首かけ集音器」。周囲の音を常に解析し、室内・屋外等の場所ごとの騒音の特性に合わせて聞こえ方を自動で調整します。例えば、自宅等の静かな環境では人の声が自然に聞こえるように、電車内等のうるさい環境では騒音の不快感を和らげるように調整するのだそうです。

購入しても使わないともったいないので、まずはレンタルして（次項参照）、購入するに値するかどうかを試してみるのも方法です。

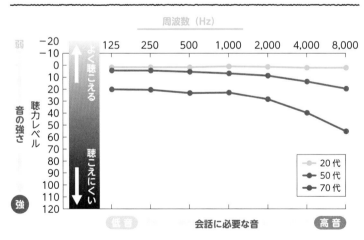

加齢に伴う聴力変化

出典：立木孝、笹森史朗他「日本人聴力の加齢変化の研究」AUDIOLOGY JAPAN45. 241～
250.2002より作成

家電も家具も買う前に「レンタル」で試す？

● 借りられる商品が充実

　昔から物を貸し出すサービスはいろいろありました。子や孫のためにベビーベッド等をレンタルしたことがある人は少なくないと思います。来客や家族の滞在、里帰りの際に布団を借りた人もいるかもしれません。買うのと違って、収納場所をとらないうえ、布団干しの手間からも解放されます。

　前項でスピーカーをレンタルで試すのも一案と書きました。それを読んで、「レンタルできるの？」と思った人もいるかもしれません。

　実は、いまの時代、レンタルできる商品は充実しています。紙のカタログではなく、インターネットでの商品提案になっていることが一因でしょう。ネットだと多くの商品を案内できます。さらに、「手持ちの物を増やしたくない」というライフスタイルの広がりにもマッチしているといえそうです。P62で紹介したミニマリストにも通じますね。

● 高級家電を試せる

　例えば、「レンティオ」（https://www.rentio.jp/）は、厳選された多数の最新製品を買わずに使える、主に家電お試しサービスです。前述のスピーカー2商品についても取り扱われています。お試しして、よい点も悪い点も知ったうえで、買うかどうかを検討するのも一案です（気に入れば、追加料金を支払うことでそのまま購入することもできるようです）。

　数万円する高級ヘアドライヤーや美顔器等も、「買いたいな。でも、使うかな」と思っている人は多いかもしれません。レンタルしてお試ししてみるのも手です。レンタルだと、故障した際に、過失がなければ修理費の自己負担がないのも魅力です。

◉ 家具レンタルで手軽に模様替え

家電だけでなく、家具のレンタルサービスもあります。

通販事業の大手ディノスでは、家具レンタル「flect（フレクト）」(https://www.dinos.co.jp/flect/) を行っています。すべて新品が届けられ、最大2年間のレンタル期間終了後に購入か返却かを選べます。レンタル料の総額は販売価格より低く設定しており、レンタル期間中の返却も可能です。その他、家具レンタルのサービスは多数あるので「家具 / レンタル」と検索してみましょう。

レンタルサービスによっては、結果としてずっと使うなら最初から買うほうが安くなることもあるので、レンタルする場合はその目的を明確にすることが大切です。そして、月額料金だけでなく、途中解約した場合に発生する料金や、組み立て・設置料、配送料・返送料についても確認しましょう。

3

レンタルサービス利用方法（例）

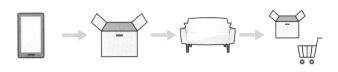

ネットで注文　商品が届く　商品を使う　返すまたは購入

4 探し物探知機「スマートタグ」

●「鍵や財布、どこいった？」に対応

　「どこいった？　どこいった？」と鍵やスマホ、財布を探すことってありますよね。

　そんなときに役立つグッズが「スマートタグ」です。わかりやすくいうと探し物探知機。音や光、位置情報等によって、なくしたものの在処（ありか）を教えてくれる小さなアイテムです。

　形状はキーホルダータイプ、シールタイプ等さまざま。あらかじめよくなくすものに付けておきます。そしてスマホと連動させると、商品によって異なりますが、数十〜120m 程の範囲で検知可能です。テレビのリモコンやメガネ等にも取り付けることができます。

スマートタグの仕組み

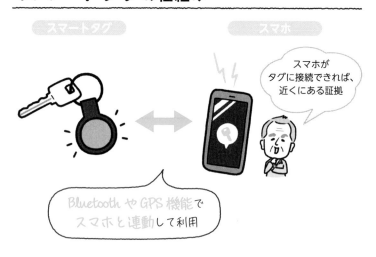

スマートタグ　　　　　　　スマホ

スマホが
タグに接続できれば、
近くにある証拠

Bluetooth や GPS 機能で
スマホと連動して利用

5 「お薬カレンダー」で 飲み忘れ防止

○ 服薬をサポート

　薬を服用している場合、気を付けてはいても、その日の分を飲んだか飲んでいないかがわからなくなってしまうことがありませんか。結果、飲み忘れたり、2回分飲んでしまったり……。

　そんな失敗を防ぐために考え出された便利グッズが「お薬カレンダー」です。処方された薬を正しく飲めるようにポケットのついた壁掛けタイプやプラスチックでできた箱型タイプ等があります。1日分をまとめて入れるタイプのほか、「朝食後」「昼食後」「夕食後」「就寝前」等複数回に分けて入れられるタイプも。また、1ヵ月カレンダーのほか、1週間カレンダー等もあります。

　ドラッグストアにも売っていますが、より自分に合うタイプを探すには、豊富なデザインを比較検討できるインターネット通販がよいかもしれません。ちなみに、筆者は100円ショップで買ったお薬ケースを愛用しています。

お薬カレンダー

3

6 古い家電は使い勝手も 「節電」もイマイチ

● 家族構成の変化に対応している？

ここ10年程で家族構成が変化した人も多いのではないでしょうか。

以前、70代男性を取材したとき、ご自宅のキッチンにはかなり大きな炊飯器がありました。聞けば5合炊きだとか。お子さんは独立し、その後は夫婦2人暮らしでしたが、妻が病気で亡くなり1人暮らしに。炊飯器は4人家族のときに使っていたものを継続使用していたのですが、うまく少量を炊けません。そこで、2合炊いて、残った分はそのまま保温 (しかも長時間) していました。「保温のご飯は色が変わって美味しくない」と嘆いておられました。

キッチン内を見ると、電子レンジもオーブンと一体型の多機能タイプ。そちらも、「複雑で使い方がよくわかりません」と、使っていませんでした。

● 使えないなら買い替え

家電は家族の人数が減ったり、主となって使う人が変わったりするときには、買い替えの検討をしましょう。炊飯器もサイズ感の合うもののほうが美味しく炊けます。電子レンジも、あたためにしか使わないなら、シンプル機能の機種が使いやすいでしょう。価格も安いです。

別の男性ですが、「入院中の妻はこだわりで二層式の洗濯機を使っていたが、僕には使い方が難しい」と困っていました。全自動洗濯機への買い替えを提案しました。

● シニアは節電するが電気代が高い

2015年にみずほリサーチ＆テクノロジーズが行った「シニア層の節電実態」に関する調査があります。それによると、年代が高くなる

につれて節電している人の割合は増加傾向。けれども、節電に取り組んでいるにもかかわらず、年代が上がるにつれ若年層に比べて電気代が高いのです（少人数世帯を対象）。特に、1万円を超える世帯は、20〜30代が3%なのに対し、60代以上では34%となっています。

　なんだか、残念な報告ですね。例えば、エアコンと冷蔵庫では、50代以上の約2割が15年以上の年季が入った商品を利用しているそうです。20年以上前という人も一定数います。年々、省エネ性能は進化しているので、買い替えが「もったいない」ともいえない時代です。エアコンに関していえば、冷え方や温まり方についても、新しいものは身体にやさしくなっています。

　15年も前の家電だと、いつ壊れてもおかしくないでしょう。突然エアコンが故障して、それが猛暑日であれば熱中症で命の危険も……。

シニアは節電するも電気代が高い

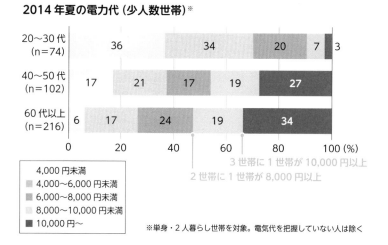

2014年夏の電力代（少人数世帯）※

	4,000円未満	4,000〜6,000円未満	6,000〜8,000円未満	8,000〜10,000円未満	10,000円〜
20〜30代（n＝74）	36	34	20	7	3
40〜50代（n＝102）	17	21	17	19	27
60代以上（n＝216）	6	17	24	19	34

3世帯に1世帯が10,000円以上
2世帯に1世帯が8,000円以上

※単身・2人暮らし世帯を対象。電気代を把握していない人は除く

出典：みずほリサーチ＆テクノロジーズ「シニア層の節電実態」（2015年5月26日）

7 「足元センサーライト」で 危険回避

◯ コンセントさえあれば工事不要

　夜間にトイレに行く際、暗くて、廊下や階段で転倒しそうになったことはありませんか。あるいは、電気をつけて家族を起こしたら申し訳ないと、トイレを我慢するようなことはないでしょうか。

　「足元センサーライト（フットライト）」を設置すれば、そんな危険や不自由を回避できます。人感センサーが動きを感知すると自動的にライトが点灯。一定時間の経過後、自動的に消灯します。最近は LED を採用したものが一般的なので、長持ちするのも嬉しいポイントです。コンセントにさすだけのタイプなら、工事不要で設置可能です。

　ヘッドを充電ホルダーから取り外して懐中電灯として使えるものが人気です。

2WAY の足元センサーライト

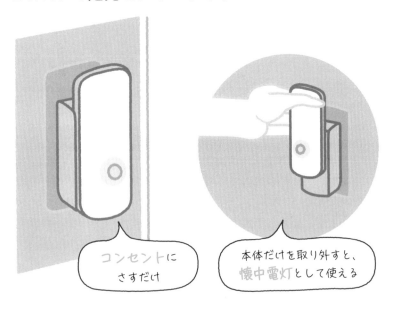

コンセントに
さすだけ

本体だけを取り外すと、
懐中電灯として使える

8 「煙の出ない」ろうそくや お線香

○ミストの煙が立ち上る

　仏具のろうそくに「電気ろうそく」を利用する人が増えています。従来のろうそくの炎部分がLED電球になっていて、スイッチを入れると点灯します。本物の火をつける必要がないため、火の消し忘れで火事になる心配から解放されます。ペットのいる家でも安心です。電池タイプとコンセントタイプがあります。

　お線香もLEDを利用したものが売られています。なかには、アロマの香りのミストが煙のように立ち上る商品も。タイマー機能を使えば、数分で自動的に消灯し、ミストも切れます。

　一方、LEDタイプのキャンドルも人気です。インテリアの一部として居室に取り入れると、おしゃれな空間を演出できます。

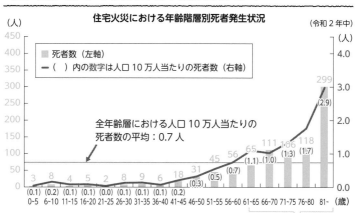

住宅火災の死者は高齢者が多い

住宅火災における年齢階層別死者発生状況

（令和2年中）

- ■ 死者数（左軸）
- ― （　）内の数字は人口10万人当たりの死者数（右軸）

全年齢層における人口10万人当たりの死者数の平均：0.7人

年齢	死者数	人口10万人当たり
0~5	3	(0.1)
6~10	8	(0.2)
11~15	4	(0.1)
16~20	5	(0.1)
21~25	2	(0.0)
26~30	8	(0.1)
31~35	9	(0.1)
36~40	6	(0.1)
41~45	18	(0.2)
46~50	31	(0.3)
51~55	45	(0.5)
56~60	56	(0.7)
61~65	65	(1.1)
66~70	111	(1.0)
71~75	106	(1.3)
76~80	118	(1.7)
81~	299	(2.9)

65歳以上の高齢者の死者数645人（71.7%）

出典：総務省消防庁「令和3年版消防白書」

83

9 自分で背中に 「湿布」が貼れる！

○1人暮らしの救世主？

　知人の1人暮らし女性の家に泊めてもらったことがあります。寝る前に、用事があって彼女の部屋をのぞくと、敷布団の上に湿布薬を広げて上半身裸でその前に足を伸ばして座っていました。あれっ、と思った途端です。彼女の背中は湿布をめがけて布団の上へ。自身の背中に湿布を貼っている最中だったのです。

　私がのぞいていることに気付き、「変なところを見られちゃったわ」と気まずい雰囲気になりました。うまく貼れていなかったので、直してあげました。

　同じような悩みを抱える人は意外と多いのではないでしょうか。解決する商品が売られています。湿布を挟んで滑らせるだけなので簡単に使えます。胸部や胴回り、腕、脚にもスムーズに貼れるようです。

1人で湿布を貼る用具

深爪やケガの予防に「電動爪切り」

○ 老眼でも大丈夫！

　生活のなかで「歳取ったな」と感じることがときどき起こります。筆者にとってその1つは、自分の爪を切るとき。特に足の爪は老眼が進みよく見えず、ケアする際に、ため息をつくことがあります。

　そんなときに役立つのが「電動爪切り」です。切るというより、削って整える感じ。断面がきれいになるので、終了後にヤスリで整える必要がありません。

　複数のメーカーが販売しているので、商品情報の比較検討をお勧めします。爪磨き機能を備えたタイプだと、爪の表面がツルツルになるようです。爪の削りかすが付いて汚れやすいので、手入れのしやすいものを選びたいですね。

電動爪切り

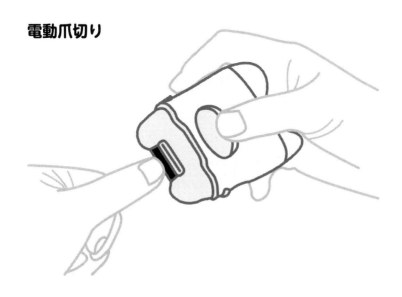

「転落防止」の滑り止め

◎少しの心がけで防止できる

　65歳以上の「不慮の事故」のうち、「転倒・転落」によるものは「死亡者数」「救急搬送者数」ともに多く、毎年家庭内で継続的に発生しています。骨折や頭部外傷等の重大な傷害を招き、これが原因で介護が必要になることもあります。

　段差等の危険となる箇所を減らし、転倒しても大ケガに至らない工夫をしておくことが重要です。床に物を置かない、動線上にコード類を引かないことも大切。床にカーペットを敷いている場合は、端っこのめくれに注意しましょう。そして、階段には手すりと滑り止めを。P82で紹介した足元センサーライトを付けることも効果があります。

転倒・転落事故を防ぐために

出典：消費者庁「みんなで防ごう高齢者の事故！」リーフレットより作成

12 「滑りにくい」スリッパや靴

◉転んでケガして入院を避けたい

　日常生活における事故で救急搬送されているシニアは年々増えています。特に、転ぶ事故では、シニアの場合、4割は入院を伴う「中等症（生命に危険はないが、入院を要する症状）」以上に至ります。

　フローリングの床で滑りそうになった経験はありませんか。スリッパは脱げやすく、どうしても転倒のリスクをはらんでいます。P132で説明しますが、転倒は寝たきりを招きかねません。

　インターネットで「転倒予防シューズ」と検索してみると、安全に配慮した室内履きや屋外で履くスニーカー等を見つけることができます。ちょっとした心がけで事故を防げます。

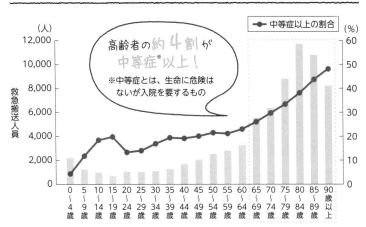

転ぶと約4割が入院に

平成28年中の東京消防庁管内のデータを使用

出典：東京消防庁「高齢者の日常生活事故を防ぐために」2018年

「模倣サイト」や「フィッシングメール」に注意

　インターネットを利用すれば、商品の購入やレンタルはもとより、さまざまな情報の入手が容易です。本書でも、多くのウェブサイトを紹介しています。

　けれども、インターネットには危険が潜んでいます。「有名サイトだと思って、かねてから欲しかった家電を購入したが送られてこない。偽サイトだった」という声を聞いたことがあります。「大手通販サイトからクレジットカード番号を登録し直すようにとのメールが来たので、記載されていたURLをクリックし名前やカード番号を入力した。その後、約1万7,000円分のカード利用がされていたことが判明した」との報告もあります（国民生活センター※1）。クレジットカードや銀行口座情報をだまし取るフィッシング詐欺と呼ばれるものです。

　模倣サイトでは、日本語が明らかにおかしいものもありますが、最近では見分けがつかないほど巧妙になっているようです。安すぎる場合は、模倣サイトの可能性が高いので注意しましょう。

　また、メールに記載されたURLには安易にアクセスしないことが重要です。困ったことが起きたら、消費者ホットライン「188」（全国共通）に電話しましょう。最寄りの消費生活センターや消費生活相談窓口を案内してくれます。

　いま起きている悪質商法や製品による事故情報等を知らせてくれる国民生活センターの「見守り新鮮情報」（https://www.kokusen.go.jp/mimamori/）も役立ちます。

※1　https://www.kokusen.go.jp/mimamori/mj_mailmag/mj-shinsen420.html

第 4 章

健康のために

日々を楽しく、いきいきと過ごすために重要なのは、「健康」

です。いまの体調を維持できるように、ほんの少し気を付け

ましょう。１日でも長く自立して暮らせるように。

「フレイル」リスク度を確認！

◉介護が必要になる前段階

　「フレイル」という言葉を聞いたことがあるでしょうか。健康と要介護の中間に位置する状態のことで、介護が必要になる前段階ともいわれています。特にシニア世代はフレイルを発症しやすく、多くの場合でフレイルの時期を経て要介護状態に進むと考えられています。しかし、適切な治療や予防を行えば健康な状態に戻ることができる時期でもあるのです。

　つまり、自分自身がフレイルになっていないかどうかに気付くことが非常に重要だといえます（P92の図表でセルフチェックを！）。

　もし、下記のような傾向があればフレイルかもしれないので思い当たる人は注意しましょう。

- 美味しいものが食べられなくなった。
- 疲れやすく何をするのも面倒だ。
- 体重が以前よりも減ってきた。

◉"シニア痩せ"は肥満より要注意

　厚生労働省によると、"シニア痩せ"は肥満よりも死亡率が高く危険とのこと。65歳を過ぎて病気でもないのに痩せてきたら、メタボ予防からフレイル予防への切り替え時です。痩せてきたら、ためらわずにかかりつけ医に相談しましょう。

　そのうえで、3つのポイントを押さえることが重要です。1つ目は栄養。バランスのとれた食事を3食しっかりとる。美味しいものを長く食べ続けられるように、お口の健康にも気を配りましょう。2つ目は身体活動。身体を動かすことは、筋肉の発達だけでなく食欲や心の健康にも影響します。もしかしてフレイルかも、と思ったら、いまよ

り10分多く体を動かすとよいでしょう。3つ目は社会参加です。趣味やボランティア、地域活動を通じて社会とのつながりを持つことが大切です。無理のない範囲で自分に合った活動を見つけましょう。

○一番の課題は「低栄養」

食欲がなくなり、噛む力が弱まってくると食事の量が減ります。自分ではしっかり食べているつもりでも、健康を維持するために必要なエネルギーやたんぱく質が不足します。そうなると、気力がなくなり、免疫力や体力も低下。さまざまな症状が起こりやすくなるのです。

料理をするのが大変な場合は、市販の総菜や缶詰、レトルト食品等を活用してもいいでしょう。バランスの整った宅配弁当を取るのも一案です。また、筋肉量が減少しないように、日頃からたんぱく質を含む食品を多くとるように心がけましょう。

フレイルとは

91

自分の状態を確認してみよう！

　フレイル等のリスクがないか把握するためのチェックリストです。すべての回答が左側の結果になるように、定期的に確認してみましょう。

健康状態		
❶ あなたの現在の健康状態はいかがですか	よい・ まあよい・ ふつう	あまり よくない・ よくない
心の健康状態		
❷ 毎日の生活に満足していますか	満足・ やや満足	やや不満・ 不満
食習慣		
❸ 1日3食きちんと食べていますか	はい	いいえ
口腔機能		
❹ 半年前に比べて固いものが食べにくくなりましたか ※さきいか、たくあん等	いいえ	はい
❺ お茶や汁物等でむせることがありますか	いいえ	はい
体重変化		
❻ 6ヵ月間で2～3kg以上の体重減少がありましたか	いいえ	はい
運動・転倒		
❼ 以前に比べて歩く速度が遅くなってきたと思いますか	いいえ	はい

出典：厚生労働省「高齢者の特性を踏まえた保健事業ガイドライン第2版」2019年10月

運動・転倒		
⑧ この1年間に転んだことがありますか	いいえ	はい
⑨ ウォーキング等の運動を週に1回以上していますか	はい	いいえ
認知機能		
⑩ 周りの人から「いつも同じことを聞く」などの物忘れがあると言われていますか	いいえ	はい
⑪ 今日が何月何日かわからないときがありますか	いいえ	はい
喫煙		
⑫ あなたはたばこを吸いますか	吸っていない・やめた	吸っている
社会参加		
⑬ 週に1回以上は外出していますか	はい	いいえ
⑭ ふだんから家族や友人との付き合いがありますか	はい	いいえ
ソーシャルサポート		
⑮ 体調が悪いときに、身近に相談できる人がいますか	はい	いいえ

2

身体にやさしい「宅配弁当」

◉ フレイル予防には食事重視を

　年齢を重ねるほど、食事に気を配ることが重要です。前項で紹介したフレイルにも大きく影響します。

　厚生労働省では、フレイル予防のために「1日2回以上主食、主菜、副菜を組み合わせて食べよう」と推奨しています（右図）。しかし、家族の人数が減るほど、食事の用意は面倒になり、日に2回、こういう食事をするのは簡単ではありません。

　若い頃と違い食べる量が少ないので、例えば煮物をどっさり作ったら、そればかり食べなければいけなくなり……。想像するだけで、料理をする気力は失せます。特に1人暮らしだと、自分が食べる分だけですから適当に済ませたくなるでしょう。

◉ 宅配の食事を取り入れるとラク

　健康に配慮した食生活を続けるために、毎日ではなくても、「宅配弁当」を取り入れるのは一案です。"弁当"というと、揚げ物の多いガッツリ系や、逆に淡白な介護用を思い浮かべる人も多いかもしれませんが、そうでもありません。

　配達方法は、常温、冷蔵、冷凍とさまざま。通常、常温と冷蔵便に関しては個別宅配、冷凍便はまとめて宅配便で送られてきます。冷凍商品なら、近所に事業所がなくても日本全国利用できます。

　普通食のほか、減塩やカロリー制限はもちろん、やわらか食や介護食の弁当を用意するところもあります。家族で食べられるものが異なる場合にも役立ちます。会社によっては、お試し商品を用意しているので使ってみるといいでしょう。

1食のなかで**主食、主菜、副菜**が理想

Point 1 ....

3食しっかり

Point 2 ....

1日2回以上、主食、主菜、副菜を組み合わせて

（ごはん、パン、麺類）　　（肉、魚、卵、大豆料理）　　（野菜、きのこ、
　　　　　　　　　　　　　　　　　　　　　　　　　　　いも、海藻料理）

出典：厚生労働省「食べて元気にフレイル予防」より作成

身体にやさしい宅配弁当の例

名称	ベネッセの おうちごはん	ワタミの 宅食	ニチレイ 気くばり 御膳	宅配クック 123
商品タイプ	冷蔵・冷凍	冷蔵・冷凍	冷凍	常温
減塩/カロリー制限	○	○	○	○
やわらか食	あり		あり	あり

※詳細は各社ウェブサイトで要確認
※筆者作成

3

健康のために「水」を飲もう

○ 1.2Lの水が不足！？

　健康のためには水を飲むことが欠かせません。身体の約60%（成人男性）は水でできています。例えば体重60kgの人の場合、36kg分とすごい量です。

　普通に生活しているだけでも、1日2.5Lもの水が失われているそうです。一方で、食事で得られる水や、身体で作られる水は1.3Lのみ。意識してこまめに飲まないと、1.2Lの水が不足することになります。

　水分摂取量が不足すると、重大な事故や健康障害が生じることも。シニア世代に多い脳梗塞や心筋梗塞等も、水分摂取量不足がリスク要因の1つだといわれています。のどの渇きはすでに脱水が始まっている証拠。のどが乾いたと感じる前の水分補給が大切です。

のどが乾く前に飲む

5% 失うと　　脱水症状や熱中症等の症状が現れる

10% 失うと　　筋肉のけいれん、循環不全等が起こる

20% 失うと　　死に至る

出典：厚生労働省「健康のため水を飲もう講座」より作成

4 年齢とともに「睡眠時間」減少

◎ 加齢で深いノンレム睡眠は減少

　若かった頃は、よく眠れたのに……、と昔を懐かしむ声を聞くことが多いです。しかし、年齢とともに睡眠に変化が生じるのは仕方のないこと。第1は体内時計の加齢変化により、早朝覚醒となること。第2は、睡眠のサイクルが変わること。就寝中は浅い眠りのレム睡眠と、深い眠りのノンレム睡眠が約90分周期で変動します。ノンレム睡眠は、睡眠の深さにしたがってさらに4段階に分けられます。年齢が上がると下図の通り、深いノンレム睡眠が減ります。そのため尿意やちょっとした物音等でも何度も目が覚めてしまうのです。

　寝る前はできるだけリラックスし、スマホやパソコンは早めにオフ。寝酒も NG です。

若い頃の睡眠時間を望むのはムリ

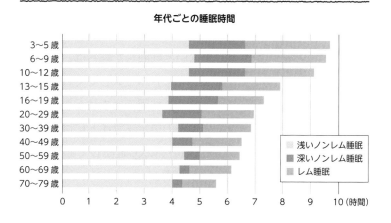

年代ごとの睡眠時間

出典：厚生労働省 e-ヘルスネット「高齢者の睡眠」

5 「救急安心センター」を調べておく

◎緊急時は迷わず救急車を呼ぶ

　具合が悪くなると、「救急車を呼んだほうがよいか」「いますぐ病院に行ったほうがよいか」と判断に迷うことがあります。

　「大げさでは？」との思いが頭をもたげ、119番通報をすることをためらってしまうことがあります。

　しかし、時間が経過することにより、大きな後悔を残すこともあります。詳しくはP118で説明しますが、例えば脳の血管に血の塊である血栓が詰まる脳梗塞を発症するとしましょう。発作から数分で脳細胞の壊死が始まるため、手遅れにならないように一刻も早く救急車を呼ぶ必要があります。

◎覚えておきたい「♯7119」

　判断に迷うときには、「救急安心センター」を利用しましょう。電話番号は「♯7119」。医師、看護師、トレーニングを受けた相談員等が電話口で状況を聞き取り、「緊急性のある症状か」「すぐに病院を受診する必要性があるか」等を判断。相談内容から緊急性が高い場合は、救急出動につなぎ、緊急性が高くないと判断した場合は、受診可能な医療機関や受診のタイミングについてアドバイスしてくれます。

　地域によっては、「♯7119」の番号を利用できませんが、代替機関があるところもあります。厚生労働省のウェブサイトには、各都道府県の医療情報ネットがリンクされているので確認しておきましょう（「厚生労働省／医療情報ネット」と検索）。

◉緊急性のある人を救うためにも

　重篤なのに救急車を呼ばないことは避けたいですが、逆に、救急車を呼ぶほどではないのに呼んでしまうケースも少なくないと聞きます。救急車の出動件数は、高齢化の進展により、今後も増えていくでしょう。救急車の出動件数が増えることで、救急車が現場に到着するまでに要する時間も延び、一刻を争う事態なのに、救急隊の到着が遅れてしまう恐れもあります。

　緊急性のある人の病院到着が遅れないようにするためにも、「救急安心センター」を上手に活用し、適切な行動を取りたいものです。

◉入院準備をしておくと安心

　救急車で運ばれ、いきなり入院となることもあるので、日頃から必要なもの一式をカバンにまとめておくと安心です。パジャマ、下着や靴下、タオル類、箸やスプーン、歯ブラシ、コップ、スリッパ等。通常、病院内、もしくは病院近くのコンビニエンスストアで買えます（あるいはレンタル）が、備えがあると安心です。健康保険証やお薬手帳の保管場所も家族らにわかるようにしておきましょう。

突然の病気やケガで困ったら

- 救急車を呼んだほうがいい？
- 病院に行ったほうがいい？
- 近くの救急病院はどこ？
- 応急手当の方法は？

☎ #7119

※「#7119」は利用不可の地域もある

6 専門教員による 「カウンセリング」

● 悩みに押しつぶされないために

悩みはありませんか。

家族のあれこれ、自分の病気のこと、子や孫のこと、お金のこと、友人知人関係……。気持ちが落ち込んだり、ふさぎ込んだりすることがあるかもしれません。

悩みを軽減する手法の1つに「カウンセリング」があります。自分自身のことやいま抱えている問題、自分の心の状態を話していくことで、問題点を整理するものです。うまくいけば、気持ちが軽くなり、陥っている状況を整理でき、よい方向に進む可能性があります。人間関係がよくなることもあるでしょう。

しかし、カウンセリングや心理相談を受けてみたいと思っても「適当な窓口が見つからない」「料金が高い」等の理由で一歩を踏み出せない人もいるようです。心療内科に行けば、治療の一環としてカウンセリングを受けることを勧められることもあります。しかし、診療所内で受けたとしても、多くの場合、健康保険適用外です。一方、カウンセリングルームを開設するカウンセラーもいますが、突然訪ねるのは勇気がいります。相手の素性がよくわからないと、自分に起きている問題を話すのをためらうこともあるでしょう。

● リーズナブルな料金、しかも専門教員

多くの大学で付属組織のカウンセリングルーム（心理相談室）を開設しています。教員とともに、臨床心理士を目指す大学院生がカウンセラーのたまごとして研修をする場です。「大学名 / カウンセリング / 一般 (/ 住んでいる県や地名)」と入力しインターネット検索をしてみましょう。料金は1回2,000～4,000円程度です。

実は、筆者は、このカウンセリングルームを利用した経験があります。父親が亡くなった翌月、愛犬が死亡しました。どちらも大往生ではありましたが、立て続けだったことで喪失感が大きく、「うつ」になることを警戒しました。"予防"のために利用したのです。

　申し込みの際に利用理由を伝えたところ、"別離"に詳しい教員が担当してくれました。カウンセリングの間、大学院生がうしろで聞いていました。彼らもすでに相当な訓練を受けているとのことだったので、話を聞かれることに対し違和感はありませんでした。

　また、もっと気軽に、悩みの相談をしたい人のために、窓口を設ける自治体もあります。一例ですが、東京都では、「夜間こころの電話相談」を開設。精神的な問題で困ったときや、よく眠れない、死にたくなる等辛いときに専門の相談員が応対します。毎日、午後5時から午後10時まで（受付は午後9時30分まで）。電話番号は03-5155-5028。

カウンセリングの主な効果

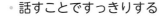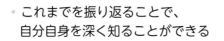

- 話すことですっきりする
- これまでを振り返ることで、自分自身を深く知ることができる
- 言語化することで、悩みが整理できる
- 自分の考え方のクセを知り、そのクセを修正できる（ネガティブな思考に振り回されなくなる）

「かかりつけ薬剤師」を持つ

◉薬局は1ヵ所にする

　診療所や病院を受診すると、たいてい薬が処方されます。薬をもらう薬局は統一していますか。それとも、それぞれの診療所の近所の薬局を使っていますか。

　「保険薬局」「処方せん受付」と表示している薬局であれば全国のどの薬局でも薬をもらえます。複数の薬局で処方してもらうと、「お薬手帳」を忘れた場合、トラブルが起きないとも限りません。そこで、自宅近所に「かかりつけ薬局」を持つことが推奨されています。処方薬局を1ヵ所に統一しようというものです。

　メリットは薬の重複やよくない飲み合わせを避けられること。近所の薬局だと、後から薬を取りに行くことも容易です。処方箋に記載されている薬の在庫がない場合もありますが、取り寄せてくれます（処方箋の有効期間は処方日を含めて4日間）。

　2022年4月から「リフィル処方箋」も導入されています。症状が安定していれば、医療機関で処方箋を毎回もらわず、同じ処方箋を薬局で最大3回まで繰り返し使用できる仕組みです。服薬状況等を確認してもらうためにも、馴染みの薬局を決めておくと安心でしょう。

◉経験豊富な薬剤師に相談するとスムーズ

　かかりつけ薬局を決めたら、「かかりつけ薬剤師」も決めておくといいでしょう。認定薬剤師の資格を持ち、3年以上の薬局勤務経験、在宅療養の患者のサポートを行っている等の条件をクリアしているプロです。

　かかりつけ薬剤師は自分で決めます。かかりつけ薬局を決めたら、対応してくれる薬剤師と対話を。「信頼できそう」と思ったら、「かか

りつけ薬剤師になってください」と言ってみましょう。先方から問われることもあります。説明を受け、同意書にサインをすると、次回からその薬剤師が「かかりつけ」となり、対応してくれることになります。

○ 薬局の営業時間外も相談可

　かかりつけ薬剤師は現在使用している処方薬や市販薬等の情報を把握し、薬の飲み残しや重複、副作用等がないかを継続的にチェックします。また、薬局の営業時間外（休日や夜間）も、電話で薬の使い方や副作用の相談に対応。緊急性のある場合は、処方箋に基づいて薬を渡してくれます。

　費用は「かかりつけ薬剤師指導料」として60〜100円（3割負担の場合）が加算されます。かかりつけ薬剤師に選べるのは1名のみ。1ヵ月単位となりますが、変更することもできます。

かかりつけ薬剤師を持つメリット

- いつも同じ薬剤師が処方薬、市販薬、サプリのことまでまとめて把握
- 体調の変化の確認や薬の管理を行ってくれる。必要に応じて、医療機関に連絡も
- いつでも相談でき、夜間・休日も対応してくれる

「お薬手帳」を使っていない人は、ぜひ利用を！
薬の情報や、アレルギー、副作用の経験を記録。
アプリ版なら、スマホで簡単操作できる

8 別の医師に「第2の意見」を 求める方法

○ セカンドオピニオンとは

　病気になった場合、主治医と十分に話し合って納得して治療を受けることが大切です。しかし、主治医からよく話を聞いても、「別の医師の意見も聞いてみたい」と思うことがあるかもしれません。

　現在診療を受けている医師とは別に、違う医療機関の医師に「第2の意見」を求めることを「セカンドオピニオン」といいます。セカンドオピニオンは、今後も現在の主治医のもとで治療を受けることを前提に利用するものです。そのため、セカンドオピニオンを受けるには、主治医の紹介状と検査結果が必要です。つまり、転院を前提としたものではないということです。

○ 主治医に対して失礼？

　主治医に対し、「別の医師の意見も聞きたい」と申し出ることは失礼に当たり、信頼関係を損なうのでは、と心配する人もいます。

　しかし、セカンドオピニオンを希望することは、決して失礼な行為ではありません。

　言い出しにくいから内緒でと考える人もいますが、それこそ信頼関係を損なうことになりかねません。それに、セカンドオピニオンを依頼する場合、担当医からの診療情報提供書や検査の資料をもらう必要があります。診療情報提供書とは、病気の経過や診断、現在までの治療法等が書かれたものです。

　筆者は、父親ががんになった際に、主治医に対し、セカンドオピニオンを利用したいと申し出たことがあります。主治医のほうも、「ぜひ、そうしてください。納得したうえで、治療することが大切です」と言い、セカンドオピニオンに適した病院を紹介してくれました（主

治医の勤務する病院とは系列の異なる病院でした）。

　セカンドオピニオンの結果は、主治医の意見とほぼ同じで、引き続き安心して治療を継続してもらいました。

○意見を聞くのにかかる費用

　セカンドオピニオンは保険診療の適用外なので全額自己負担です。医療機関によって金額が異なりますが、30〜60分で2〜5万円程度と幅があります。利用を決めたら、料金を確認しましょう。ウェブサイトに概算を記載している病院が多いです。

　初めて会う医師との対面は、あっという間に時間が経過するので、聞きたいことはメモしていくことをお勧めします。もちろん、医師の話もメモを取りながら聞くのがよいでしょう。もし、医師が了解してくれるなら、ボイスメモを利用すると後から聞き直すことができて便利です。

セカンドオピニオンを利用する流れ

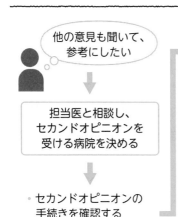

他の意見も聞いて、
参考にしたい

↓

担当医と相談し、
セカンドオピニオンを
受ける病院を決める

↓

・セカンドオピニオンの
　手続きを確認する
・必要な書類等を確認する

担当医に、
紹介状（診療情報提供書）・
病理標本・検査結果資料等の
必要書類を用意してもらう

↓

セカンドオピニオンを
受ける病院へ

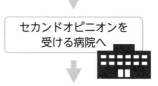

↓

・担当医にセカンドオピニオンの
　結果を報告する
・転院する場合は申し出る

「軽度認知障害（MCI）」チェックリストを活用

◉65歳以上の4人に1人が認知症と予備軍

認知症は治らないから、医療機関に行っても仕方がないと考えていませんか？

それは間違いです。認知症も他の病気と同じように、早期受診と早期支援が非常に大切です。改善可能な認知症状もあるからです。早期に治療を始めれば、進行を遅らせることができるケースもあります。

また、普段の生活に支障をきたすほどではないけれど、記憶等の能力が低下し、正常とも認知症ともいえない「軽度認知障害（MCI）」という状態もあります。厚生労働省によると、認知症とMCIの人口は2012年時点で862万人と、65歳以上の4人に1人。認知症やMCIはとても身近なものなのです。

◉半数は5年以内に認知症に移行

MCIと診断されたすべての人が認知症になるわけではありません。しかし、約半数は5年以内に認知症に移行するといわれています。

認知症ではなさそうだと思っても、以前よりもの忘れが増えている、もの忘れの程度が同年齢の人に比べてやや強いと感じたら、念のために専門医を受診しましょう。早期発見・早期対応につながります。MCIの段階から運動等の予防的活動を開始すれば、認知症の進行を遅らせることが期待できます。まずは右のチェックリストを試してみましょう。

専門医の所在がわからない場合は、かかりつけの医師に紹介してもらうか、地元の地域包括支援センター（次項）に問い合わせてみてください。

家族がつくった「認知症」早期発見のめやす

日常の暮らしの中で、認知症ではないかと思われる言動を、「家族の会」の会員の経験からまとめられたものです。医学的な診断基準ではありませんが、暮らしの中での目安に。いくつか思い当たることがあれば、かかりつけ医等に相談してみましょう。

● もの忘れがひどい

- □ 1　今切ったばかりなのに、電話の相手の名前を忘れる
- □ 2　同じことを何度も言う・問う・する
- □ 3　しまい忘れ置き忘れが増え、いつも探し物をしている
- □ 4　財布・通帳・衣類などを盗まれたと人を疑う

● 判断・理解力が衰える

- □ 5　料理・片付け・計算・運転などのミスが多くなった
- □ 6　新しいことが覚えられない
- □ 7　話のつじつまが合わない
- □ 8　テレビ番組の内容が理解できなくなった

● 時間・場所がわからない

- □ 9　約束の日時や場所を間違えるようになった
- □ 10 慣れた道でも迷うことがある

● 人柄が変わる

- □ 11 些細なことで怒りっぽくなった
- □ 12 周りへの気づかいがなくなり頑固になった
- □ 13 自分の失敗を人のせいにする
- □ 14 「このごろ様子がおかしい」と周囲から言われた

● 不安感が強い

- □ 15 ひとりになると怖がったり寂しがったりする
- □ 16 外出時、持ち物を何度も確かめる
- □ 17 「頭が変になった」と本人が訴える

● 意欲がなくなる

- □ 18 下着を替えず、身だしなみを構わなくなった
- □ 19 趣味や好きなテレビ番組に興味を示さなくなった
- □ 20 ふさぎ込んで何をするのも億劫がりいやがる

出典：公益社団法人認知症の人と家族の会

加齢による相談は「地域包括支援センター」へ

● 幅広い相談に対応

　病気になったり、ケガをしたりして心身機能が低下することがあります。一方、P92やP107の心身状態のチェックリストの結果が思わしくなくて、不安になった人もいるかもしれません。

　多くの人の望みは、「住み慣れた住まいで安心して暮らし続けること」だと思います。そのためには、仮に介護が必要になったとしても、状況に応じたサービスを切れ目なく利用することで自立した生活を続けることができます。

　こうした幅広い相談にのり、サポートしてくれる公的な機関が、「地域包括支援センター」です。住所地ごとに担当のセンターが決まっています。相談料は無料です。担当のセンターの所在地がわからない場合は、役所に問い合わせましょう。

● 介護が必要なくても利用可

　地域包括支援センターとは、介護が必要になってから駆け込むところだと考えている人もいるかもしれません。

　それは誤解です。65歳以上のすべての人が利用できます（65歳未満であっても、加齢に起因する心身機能の低下の場合は対応してもらえます）。もちろん、その家族も相談可です。

　介護保険で介護が必要との認定を受けていなくても利用できます。もし、認定を受けたい場合は、認定を受けるための相談や申請の窓口ともなります。

　「いまは元気だけど、介護が必要にならないように何か運動をしたい」「健康だけど、1人暮らしで不安なことがある」等、遠慮せずに相談しましょう。

地域包括支援センターには**プロが常駐**

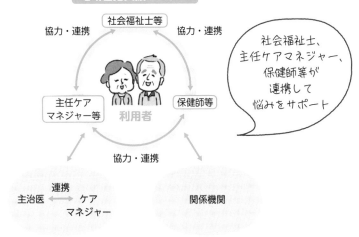

社会福祉士、
主任ケアマネジャー、
保健師等が
連携して
悩みをサポート

地域包括支援センターの**4つ役割**

❶総合相談支援窓口

介護や福祉等さまざまな悩みに対応。介護保険や地域のサービスを利用できるように支援

❷権利擁護業務

悪質な訪問販売や高齢者虐待の防止等、安心できる暮らしを応援

❸包括的・継続的ケアマネジメント支援業務

住み慣れた地域で安心して暮らすために、ケアマネジャーへの助言や、地域のさまざまな関係機関とのネットワークを作り、地域での生活をサポート

❹介護予防ケアマネジメント業務

要介護認定の要支援1・2となった人等に対し自分らしく生活できるようサービス計画の作成

支援が必要になったら「介護保険」を申請

◎介護保険の利用は当然の権利

　何らかの支援や介護が必要になったら、「介護保険」の申請をしましょう。40歳以上の国民全員が介護保険料を支払っているのですから、サービスを利用することは当然の権利です。

　ただし、介護保険は健康保険とは異なり、保険証を持っているだけではサービスを利用できません。申請して「支援や介護が必要」との認定を受けなければならないのです。

　要介護認定の申請は役所や地域包括支援センターで行います。申請後は市区町村の職員等が自宅を訪問して、聞き取り調査（認定調査）をします。また、市区町村からの依頼により、かかりつけの医師が心身の状況について意見書（主治医意見書）を作成。その後、認定調査結果や主治医意見書に基づくコンピュータによる一次判定及び、一次判定結果や主治医意見書に基づく介護認定審査会による二次判定を経て、市区町村が要介護度を決定します。

◎要介護度は7段階

　要介護度の決定まで、おおよそ1ヵ月かかります。要支援1、2、要介護1〜5の7段階のうちどれに当たるかの通知がきます（非該当のケースも）。そして、決定した要介護度に応じて定められた支給限度額の中でさまざまな介護サービスを利用できます。利用者の負担は原則1割。一定以上の所得があると2割、現役並み所得だと3割です。限度額を超えてサービスを利用することもできますが、超えた部分に関しては全額自己負担となるので注意が必要です。

介護保険のサービスを利用するまでの流れ

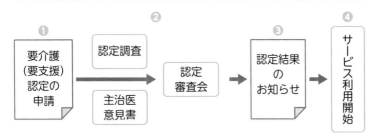

※認定調査と主治医意見書の内容を認定審査会で審査し、要介護度を判定

要介護度の状態と支給限度額（目安）

要 介護度	状態の目安	介護保険 支給限度額 （1ヶ月当たり）
要支援 1	日常生活は基本的に自分でできるが、要介護になることを予防するために少し介助が必要な状態	50,320 円
要支援 2	立ち上がりや歩行が不安定。トイレや入浴等で一部介助が必要だが改善する可能性が高い状態	105,310 円
要介護 1	立ち上がりや歩行が不安定。トイレや入浴等で部分的に介助が必要な状態	167,650 円
要介護 2	起き上がりが自力では困難。トイレや入浴等で一部または全面的介助が必要な状態 ・問題行動や理解の低下がみられることがある	197,050 円
要介護 3	起き上がり、寝返りが自力ではできない。トイレや入浴、衣服の着脱等多くの行為で全面的介助が必要な状態 ・いくつかの問題行動や理解の低下がみられることがある	270,480 円
要介護 4	常時介護なしでは、日常生活を送ることが難しい状態 ・いくつかの問題行動や全般的な理解の低下がみられることがある	309,380 円
要介護 5	常時介護なしでは、日常生活を営むことがほぼ不可能な状態 ・問題行動や全般的な理解力低下がみられることがある	362,170 円

※上記は状態の目安であり実際の要介護度と一致しない場合がある
※支給限度額は、1単位当たり10円で計算

12 介護保険で利用できる 多様な「居宅サービス」

● 在宅で利用できるサービス

　介護保険のサービスのうち、自宅に住まいながら利用するものを「居宅サービス」と呼びます。大きく分けると、「訪問」「通所」「宿泊」「自宅を安全にする」の4種のサービスがあります。

　「訪問」系サービスの代表格は「訪問介護」です。ホームヘルパーが自宅を訪れ、食事、トイレ、入浴等の介助をしてくれる「身体介護」と、掃除、洗濯、調理等の生活支援をしてくれる「生活援助」があります。看護師が訪問してくれる「訪問看護」や、介護職員と看護師が浴槽を持参し入浴介護を行う「訪問入浴介護」もあります。

　一方、自宅から通って利用するのが「通所」系サービスです。日帰りでサービスセンターに通い日常生活上の介護を受ける「デイサービス」と、リハビリテーション等を受ける「デイケア」、また、施設に宿泊する「宿泊」系サービスの「ショートステイ」があります。

　さらに、「自宅を安全にする」サービスには「住宅改修」や、「福祉用具のレンタル／購入費の支給」があります。段差を撤去したり、手すりを備えたりできるので、安心感はグッとアップするでしょう。要介護2〜5だと、介護用ベッドや車いすを借りることもできます。

　介護保険で入れる施設サービスについてはP138で説明します。

● 最大の味方はケアマネジャー

　介護保険のサービスはメニューが豊富なのですが、かなり複雑。けれども利用する際には、介護の専門家が一緒にどのサービスをどれくらい利用するかを計画する「ケアプラン」を立ててくれるので心配は無用です。「要支援」なら地域包括支援センターの職員が、「要介護」ならケアマネジャーという介護の専門家が個別に対応します。

不安なことや不明点は、遠慮せず専門家に相談して介護保険制度を上手に利用し、安心して暮らせる環境を構築したいものです。

介護保険で利用できる主な居宅サービス

訪問系サービス	サービス内容
訪問介護	ホームヘルパーに自宅に来てもらい、買い物や掃除、食事や、排せつの介助等を受ける
訪問入浴介護	介護職員と看護師に自宅に来てもらい、移動式浴槽を用いて入浴介助を受ける
訪問看護	看護師に自宅に来てもらい、医師の指示に基づく医療処置、医療機器の管理、床ずれ予防・処置等を受ける
訪問リハビリテーション	リハビリの専門家に自宅に来てもらい、リハビリの指導・支援等を受ける
通所系サービス	サービス内容
デイサービス	施設に通い、食事、入浴、排せつの介助、レクリエーション等のサポートを受ける
デイケアサービス	施設に通い、食事、入浴、排せつの介助、リハビリ等のサポートを受ける
ショートステイ(宿泊系)サービス	サービス内容
短期入所生活介護	短期間、施設に宿泊し、食事や排せつの介助、レクリエーション等のサポートを受ける
短期入所療養介護	短期間、施設に宿泊し、食事や排せつの介助、リハビリ等のサポートを受ける
その他(自宅を安全にする)サービス	サービス内容
福祉用具貸与(レンタル)	歩行器、車いすや介護ベッド等の福祉用具をレンタルする
福祉用具購入費支給	腰掛便座、特殊尿器、入浴補助用具等の福祉用具の購入費の支給を受ける(上限額は年間 10 万円)
住宅改修費支給	自宅に、手すりの設置、段差撤去等の小規模な改修をしてもらう(上限額は 20 万円)

4

13 接種することを検討したい 「ワクチン」

◎メリット・デメリットを考える

　ワクチンといえば、ここ数年は新型コロナワクチンの話ばかりです。けれども、シニア世代が打つことを検討すべき予防接種はほかにもあります。

　ワクチンの予防接種には、法律に基づいて市区町村が主体となって実施する「定期接種」と、希望者が各自で受ける「任意接種」があります。65歳以上の定期接種の代表格はインフルエンザワクチンだといえるでしょう。通常、定期接種は公費による補助があります。一方、任意接種は全額自己負担です。

　新型コロナワクチンに関しては、特に本書を手にしている年代は、打つことを推奨されてきました。しかし、他のワクチンに関してもいえることですが、メリットだけでなく、必ずデメリットもあります。接種するかどうかの判断はかかりつけの医師に相談し、各自でしっかり検討したいものです。

◎肺炎球菌ワクチンとは

　成人用肺炎球菌ワクチンについて、聞いたことがあるでしょうか。2014年10月1日から、65歳以上（60〜64歳の一部含）は定期接種となりました。肺炎の原因となる細菌やウイルスはたくさんありますが、成人が日常でかかる肺炎の原因菌としては、肺炎球菌が一番多いそうです。肺炎で亡くなる人の97.6％が65歳以上（2020年）であることから、特にその世代での予防が重要だといわれています。

　けれども、ワクチンを接種してもすべての肺炎を防ぐことはできません。新型コロナと同様、予防には日頃からの手洗いが有効です。ワクチンによる効果は5年程だそうです。

● 帯状疱疹ワクチンとは

　任意接種の1つに帯状疱疹ワクチンがあります。帯状疱疹は、水ぼうそうと同じウイルスで起こる皮膚の病気です。50代から発症率が高くなり、80歳までに約3人に1人が発症するといわれています。

　実は、筆者は、「3人に1人」と書かれた新聞記事を読み、58歳のときに接種しました。全額自己負担で1万円くらいでした（2020年より不活化ワクチン接種も始まっています。こちらは2回接種で1回2万円程と高額ですが、予防効果が高いそうです）。

　なぜ、慌てて打ったかというと、筆者の母親は帯状疱疹を発症した際、皮膚の症状が治った後も痛みが残る帯状疱疹後神経痛に移行しました。50歳以上で帯状疱疹を発症した人のうち、約2割が移行するそうです。この神経痛は「焼けるような」「締め付けるような」持続性の痛みや、「ズキンズキンとする」痛みが特徴で、多くの場合、入院治療となります。かなりの苦しみを伴ううえ、治療に時間がかかります。帯状疱疹ワクチンの効力は5〜10年程といわれているので、予防するためにまた接種するつもりです。

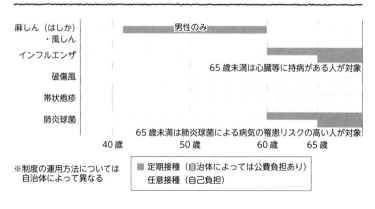

おとな世代のワクチンスケジュール

	40歳	50歳	60歳	65歳
麻しん（はしか）・風しん	男性のみ			
インフルエンザ			65歳未満は心臓等に持病がある人が対象	
破傷風				
帯状疱疹				
肺炎球菌		65歳未満は肺炎球菌による病気の罹患リスクの高い人が対象		

※制度の運用方法については自治体によって異なる

■ 定期接種（自治体によっては公費負担あり）
　任意接種（自己負担）

14 「歯」のメンテナンス

　2022年6月、政府は、「国民皆歯科健診制度」の導入を検討する方針を決定しました。

　年齢を重ねても自身の歯を多く残し、よく噛めている人ほど生活の質、活動能力が高いそうです。健康状態を維持しやすく、ほかの病気の誘発を抑制し、入院回数が少ないのだとか。逆に歯周病等を長年放置すれば糖尿病や心臓病の合併症、認知症等のリスクが高まると指摘されています。P90で紹介したフレイルにもつながります。

　つまり、歯周病を減らして医療費を抑制することが国の狙いです。「なんだ、結局お金……？」と言いたくなるかもしれませんが、歯を気づかうことには個人のメリットがとても大きいと思います。

　筆者は、30年近く介護の取材をしてきたせいでしょうか、「自分の歯で食べる」ことが要介護になることを防ぐ1つの方法（もちろん、すべてとはいいません）だと信じています。それに何より、可能な限り「美味しく食べ続けたい」と願っており、ズボラな性格のわりに歯のメンテナンスには真面目に取り組み、4ヵ月に1回の通院を欠かしません。

● 目指せ20本！

　「80歳になっても自分の歯を20本以上保とう」という「8020（ハチ・マル・ニイ・マル）運動」があります。おとなの歯の数は28本（親知らずを除く）です。そして、「20」は「自分の歯で食べられる」ために必要な歯の数（右図）。だいたい20本以上の歯が残っていれば、硬い食品でもほぼ満足に噛めることが科学的に明らかになっています。

　メンテナンスに気を配り、健康な歯を残したいものです。

歯の本数別にみた「何でも噛んで食べることができる」人の割合

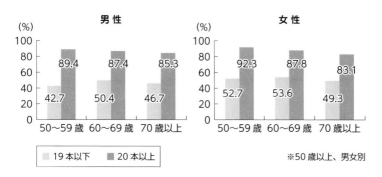

	男 性		
50～59歳	42.7		89.4
60～69歳	50.4		87.4
70歳以上	46.7		85.3

	女 性		
50～59歳	52.7		92.3
60～69歳	53.6		87.8
70歳以上	49.3		83.1

19本以下　　20本以上

※50歳以上、男女別

出典：厚生労働省「平成25年国民健康・栄養調査報告」をもとに作成

歯周病と認知症は関係あり

異常なたんぱく質が脳に蓄積

脳神経細胞が死に脳が萎縮

認知機能が低下

アルツハイマー型認知症
（認知症の7割を占める）

歯周病菌が歯茎から血管を通って体内に侵入し脳内に異常なたんぱく質蓄積を増加させ、
アルツハイマー型認知症を誘発する可能性がある、と九州大学等の研究が発表（2020年）

「脳卒中」の受診は時間勝負

● 脳が障害を受ける病気

　脳卒中とは、脳の血管が詰まったり破れたりし、脳が障害を受ける病気です。場合によっては死に至ることもあり、日本人の死因の第4位となっています（1位がん、2位心疾患、3位老衰）。

　脳卒中には、脳の血管が詰まる「脳梗塞」、破れる「脳出血」や「くも膜下出血」があります。脳は場所ごとに役割分担があり、障害が起きた場所によって半身麻痺、言葉の障害、意識の障害等の症状が起きます。発症の状況により治療法や病気の経過は異なります。

● 前ぶれ症状を見逃さない

　脳卒中では「腕」「顔」「言葉」に"前ぶれ"が起きることがあります。典型的な症状は、「片方の手足が動かなくなったりしびれる」「顔の半分が動かなくなったりしびれる」「ろれつがまわらなかったりうまく言葉を発することができない」とのことです。こうした症状が現れたら、様子を見てはいけません。事は1分1秒を争うので、すぐに救急車を呼んで、検査を受ける必要があります。

　特に、脳梗塞の場合はt-PA（組織プラスミノーゲン活性化因子）という血栓を溶かす治療薬を用いることにより完治する可能性が高くなっています。しかし、この治療薬は症状が出てから4時間半以内でないと使うことができないそうです。また、どこの医療機関でも治療できるわけではないので、一刻を争うことになります。

● 高血圧はリスク大

　脳卒中の最大の原因は高血圧です。そして、高血圧の最大の生活習慣要因は食塩の過剰摂取。日本人は食塩摂取の多い傾向があるといわ

れています。

　また太っていて血圧が高い人は、特定保健指導等を利用して減量することにより血圧が下がる可能性があります。さらに、たばこは、がん、心臓病、脳卒中、COPD（慢性閉塞性肺疾患）のすべてのリスクを高めるので、禁煙することが推奨されています。大量飲酒も脳梗塞、脳出血、くも膜下出血のすべてのリスクを高くすることがわかっているそうです。

　一方、予防につながる食べ物としては、野菜や果物、大豆製品があります。ウォーキング等の軽い有酸素運動で血流をよくすることも効果があります。早期発見するために、高血圧や糖尿病、メタボリックシンドロームを放置しないよう、年に1度は必ず健康診断を受けたいものです。

参考：厚生労働省 e-ヘルスネット「脳血管障害・脳卒中」

脳卒中の典型的な予兆

- 片方の手足が動かなくなったりしびれる
- 顔の半分が動かなくなったりしびれる
- ろれつがまわらなかったり
  うまく言葉を発することができない

「腕」「顔」「言葉」の
症状が現れたら、
様子を見てはダメ。
1分1秒を争う

16 通院困難時の味方 「在宅療養支援診療所」

●「往診」と「訪問診療」の違い

　入院や通院をしなくても、自宅にいながら医療を受けられる仕組みがあります。あなたが病院や診療所に行くのではなく、診療所の医師に自宅まで来てもらう方法です。

　昔からある"往診"を思い浮かべる人が多いかもしれません。往診は突発的な病状の変化により、患者本人や家族等が求め、医師に自宅に来てもらうものです。一方、訪問診療は、計画的な医学管理のもと、定期的に（月に2回、等）来てもらって診療を受けることをいいます。もちろん、訪問診療でも、緊急時にも対応してもらえます。

　訪問診療を受けられるのは、1人で通院することが困難な人（家族やヘルパー等の介助がないと通院できない）。そして、原則診療所の所在地から直線距離で16km以内に住んでいる人となっています。

●24時間体制で緊急入院も可

　訪問診療を行う診療所のなかでも、特に頼りになるのが「在宅療養支援診療所」です。24時間体制のうえ、いざというときには緊急入院できる体制が構築されています。

　具体的には次の基準を満たしている施設です。

- 24時間365日体制で医師や看護師と連絡が取れる。
- 24時間365日往診や訪問看護が提供できる体制や連携を維持。
- 緊急時に入院受け入れ可能、または連携医療機関へ入院の手配可。
- 地域の保険医療機関や介護・福祉サービスと連携を維持。
- 年に1度、看取り等の実績を厚生労働省に報告。

　利用する場合は、公的医療保険でカバーされるので（一部、介護保険を利用するケースも）、自己負担割合分を支払うことになります。

● 薬は薬剤師が配達

　訪問診療では、どの程度の診療が受けられるのかと不安になるかもしれません。注射や投薬はもちろん、レントゲンやエコー等、外来診療とほぼ同等の診療が行われます。

　薬が必要な場合は、診察時に処方箋を発行してくれます。希望に応じて、薬局の薬剤師に自宅まで薬を配達してもらうこともできます。その際、薬剤師による訪問薬剤管理指導が行われ、服薬管理等、専門家としてのアドバイスをしてくれます。P79で紹介したお薬カレンダー等、薬を飲み忘れない方法も一緒に考えてくれます。

　特に、「最期まで自宅で暮らし続けたい」との思いが強い人は、訪問診療をしてくれる近所の診療所を探し、いまのうちからかかりつけ医にしておくと安心です。

訪問診療のメリット・デメリット

メリット
- 住み慣れた環境で療養できる
- 通院の負担がなくなる
- 感染症のリスクを軽減しながら療養できる

デメリット
- 高度な医療処置を行うことが難しい
- 日常の看護が家族の負担となりがち
- 急変時に対応が遅れることがある　　　　　　等

もう１つの身近な相談窓口

　"介護"というほどではなくても、少しサポートが欲しくなったときに頼りになるのが、地元の社会福祉協議会です。「社協」の略称で知られている機関で、「全国社会福祉協議会」「都道府県・指定都市社会福祉協議会」「市区町村社会福祉協議会」で構成されており、必ず身近なところにあります。営利を目的としない民間組織で、地域の福祉サービスやボランティア活動（P34）を担っています。

　地域ごとで行っているサービスは異なりますが、住民による有償ボランティアサービスを束ねているところが多いです。例えば、東京都の中野区社会福祉協議会では、「電球の交換ができない」「重いものが動かせない」等、日常の「ちょっとした困りごと」（30分以内）を無料で手伝うサービスを行っています。

　あなたの住んでいる地域の社会福祉協議会にどんなサービスがあるかを確認しておくとよいでしょう。ケガ等で一時的に車いすが必要となったときに、短期間、無料で貸し出すところも多いです。P175で紹介する「不動産担保型生活資金」の窓口もココです。困ったことが生じたら、地域包括支援センター（P108）とあわせて相談してみましょう。

第 5 章

リスクのこと

「こんなはずではなかった」と思わなくてもよいように、

日々の生活にどのようなリスクが潜んでいるかを確認してお

きましょう。人生いろいろありますが、想定内なら問題なし！

免許返納で「運転経歴証明書」を申請

● 高齢運転手による事故が多発

　年齢を重ねるに従い運転中のリスクが高まることは、さんざん報道されているので誰しも知るところです。池袋の高齢運転者（当時87歳）の暴走事故では尊い命が奪われました。その後も高齢運転者による事故が頻繁に報道されています。自分自身のリスクであるばかりか、何の落ち度もない人を巻き込む危険もあり、絶対に避けなければならないことです。

　警視庁の2021年パンフレットにも下記の通り厳しい言葉が並びます。

　「高齢運転者は、自分で安全運転を心掛けているつもりでも、他人が客観的にみると安全運転とは言えないところがあると言われています。その理由として、個人差はありますが、

- 注意力や集中力が低下していること。
- 瞬間的な判断力が低下していること。
- 過去の経験にとらわれる傾向にあること。　等」

　書かれている通り、心身機能には個人差があります。また、運転の必要性や思いは人それぞれ。返納者を調査した結果を見ても、都市部に比べ過疎地のほうが返納年齢は高い傾向があります。

● 運転経歴証明書には特典あり

　運転免許証を自主返納すると、「運転経歴証明書」を申請できます。運転免許を返納した日からさかのぼって5年間の運転に関する経歴を証明するもので、運転免許証と同様に公的な身分証明書として使うことができます。

　また、提示することにより、高齢者運転免許自主返納サポート協議

会の加盟店で、タクシーやバスの運賃割引、スーパーマーケットやデパートの宅配料金の割引、飲食店の割引、信用金庫の金利優遇等の特典を受けることができます。

◯ サポカーに乗り換える

2022年からは、75歳以上で一定の違反行為があった運転者に免許更新時に運転技能検査が義務化されました。更新期限内に合格できないと免許を失うことになります。

一方、75歳以上で違反がない人と、運転技能検査に合格した人は、認知機能検査を受け、高齢者講習を受講し、更新手続きとなります。

引き続き運転する場合は、「サポカー」への乗り換えを検討したいものです。特に推奨されているのは「セーフティ・サポートカー S（サポカー S）」。衝突被害軽減ブレーキに加え、ペダル踏み間違い急発進抑制装置等を搭載したものです。一般車に後付けできる装置もあります。

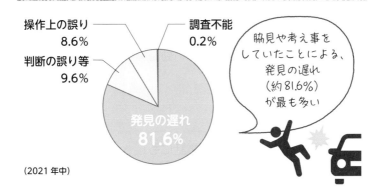

高齢運転者 交通事故発生状況

操作上の誤り
8.6%

判断の誤り等
9.6%

調査不能
0.2%

発見の遅れ
81.6%

脇見や考え事をしていたことによる、発見の遅れ（約81.6%）が最も多い

（2021年中）

出典：警視庁ウェブサイト「防ごう！ 高齢者の交通事故！」より作成

「迷惑電話詐欺」を機器で防ぐ

◉ 安心機器を無料でレンタル

　固定電話にはさまざまな電話がかかってきます。セールスも多く、切るタイミングを見つけられずに困ってしまうことがあるかもしれません。

　電話を取らない、固定電話をやめるのも選択肢ですが、大切な友人や家族からかかってくることもあるため、そう簡単ではありません。そのようなケースでは、「迷惑電話防止機能付き」の電話機に交換することをお勧めします。自治体によっては、65歳以上に無償貸与しているところや、購入費の補助をしているところもあるので役所に問い合わせてみましょう。

　備わっている機能は機器によって違いはありますが、主に次の2つです。

- 警告機能

　着信音が鳴る前に「この電話は迷惑電話防止のために録音されます」と相手に警告。さらに、先に名乗ってくれるように依頼。

- 録音機能

　電話に出ると、通話内容を自動録音。また、相手の名前が聞き取れなかったり、うっかり受話器を取ってしまったりしたときに着信拒否メッセージを鳴らせる機能の備わったものもあります。

　利用している人からは、「しつこい勧誘電話はかなり減った」との声を聞きます。

◉ 減らないオレオレ詐欺

　ここまで読んで「私（僕）は迷惑電話にもしっかり対峙できるから不要」と思っていませんか。

　けれども、オレオレ詐欺等は、一向に減る気配が見えません。2021年の特殊詐欺被害件数は1万4,000件以上。被害額は282億

円。なんと、毎日 7,700 万円もの被害が出ていることになります。騙す側の手口が巧妙になっているのでしょう。どうやら、詐欺師は個人情報豊富な名簿を入手しているようで、そこから狙いを定め、銀行員や役所の職員、警察官等になりすまして電話をしてきます。例えば、「あなたのキャッシュカードが悪用されています。300 万円以上の残高がありますね」と。こちらは、驚きのあまり、つい「はい、300 万以上あります。大丈夫でしょうか」と、資産状況を話してしまいます。

　電話であれ、訪問であれ、「お金」の話が出たら、相手をしない。不審に思ったら、警察相談専用窓口「#9110」、または消費者ホットライン「188」に電話で相談を。緊急の場合は、「110」でも構いません。

65歳以上の**特殊詐欺被害状況**

手口別高齢被害者の割合（法人被害を除く）

高齢者の
総被害額は
約 **249** 億円

	男	女
オレオレ詐欺	520 件 16.9%	2,422 件 78.5%
預貯金詐欺	343 件 14.1%	2,059 件 84.7%
架空料金請求詐欺	569 件 26.9%	442 件 20.9%
還付金詐欺	885 件 22.3%	2,854 件 72.1%
キャッシュカード詐欺盗	456 件 17.5%	2,104 件 80.9%
上記以外	44 件 18.4%	26 件 10.9%

合計 （65 歳以上）

その他

男
2,817 件
19.5%

女
9,907 件
68.7%

65 歳以上の被害件数は
12,724 件で、全体の 88.2%。
特に女性の被害件数は多く 68.7%

出典：警察庁「令和3年における特殊詐欺の認知・検挙状況等について」をもとに作成

早まって契約したら「クーリングオフ」

● 一定期間は無条件で契約解除できる

　訪問販売、電話勧誘販売は不意打ち性の高い販売方法です。冷静に判断できないまま契約してしまうことがあるため、特定商取引法では契約後も一定期間、頭を冷やして考え直せる機会（クーリングオフ期間）を与えています。マルチ商法や内職商法のように特殊な販売方法も同様です。例えば、訪問販売の場合は8日間なので、契約書面を受け取った日から8日以内がクーリングオフ期間となります。

　期間内にハガキ等の書面で、右のように、契約を特定するために必要な情報（契約年月日、契約者名、購入商品名、契約金額等）やクーリングオフの通知を発した日を記載し事業者に申し出ます。

● 通知を出すとどうなる？

　クーリングオフの通知を出すと、契約は解除され、契約をする前の状態に戻すことになります。消費者は支払った代金を返してもらいます。また、商品を受け取っていた場合は、販売会社に返品します。返品のための送料は販売会社が負担するので、着払いで返送するか、販売会社に引取りに来てもらいます。事業者（販売会社やクレジット会社）は消費者に損害賠償や違約金（キャンセル料や手数料）を請求することはできません。

　化粧品や健康食品以外の、例えば布団や鍋等は、使用していても定められた期間内であれば、クーリングオフできます。

● 消費生活センターに相談を

　通信販売にはクーリングオフ制度はありません。不意打ち性が高いとはいえないためです。返品の可否や条件についての特約がある場合

には、特約に従います。特約がない場合には、商品を受け取った日を含めて8日以内であれば返品できますが、その場合、商品の返品費用は消費者が負担することになります。

返品に関するトラブルのほかに、「前払いで払ったが商品が届かない」「業者と連絡が取れなくなった」等のトラブルもあります。

こうしたトラブルを避けるためには、できるだけ代金の前払いは避けましょう。そして、返品特約を確認し、購入を決めた広告を保管しておくことをお勧めします。

クーリングオフができる取引かどうかが不明なときや、書き方や手続き方法がわからない等困ったことが生じたら、1人で悩まずに、すぐに近くの消費生活センターへ相談しましょう。

クーリングオフ：ハガキの書き方

販売会社あて

通知書

次の契約は解除します。

契約年月日	○○年○月○日
商品名	○○○○
契約金額	○○○○○円
販売者	□□□株式会社□□営業所
	担当者□□□

支払った代金○○○円を返金し、
商品を引き取ってください。

○○年○月○日

○○県○○市○○町○丁目○番○号
氏名○○○○

クレジット会社あて

通知書

次の契約は解除します。

契約年月日	○○年○月○日
商品名	○○○○
契約金額	○○○○○円
販売者	□□□株式会社□□営業所
	担当者□□□
クレジット会社	□□□株式会社

○○年○月○日

○○県○○市○○町○丁目○番○号
氏名○○○○

※2022年6月から電磁的記録（Eメールやウェブサイトの専用フォーム等）
　によるクーリングオフも可能に

4 「入浴中の事故死」は 交通事故死の2倍

◉ 浴槽内での死は交通事故死より多い

　65歳以上の浴槽内での不慮の溺死及び溺水の死亡者数は4,750人で、交通事故死亡者数2,150人の2倍以上です（厚生労働省「人口動態調査」令和3年）。年齢別に人口10万人当たりで見ると、年代が上がるにつれて増加。特に75歳以上の死亡者数が増えています。また、男女別で比較すると、どの年代においても男性の死亡者数のほうが多く、女性の死亡者数との差は年齢が上がるにつれて広がる傾向にあります。

　時期としては11月～4月の冬季を中心に多くなっています。

◉ 原因の1つは急な温度変化

　入浴時に事故が多くなるのはヒートショックが原因の1つだといわています。ヒートショックとは急激な温度変化により身体が受ける影響のこと。暖かい居間から冷え込んだ脱衣所に行き衣服を脱ぎ、寒い浴室に入ると身体が温度変化にさらされて血圧が一気に上昇。浴槽に入り身体が温まると血管が広がり、今度は血圧が下がります。

　この急激な血圧の変化により、一時的に脳内に血液が回らない貧血の状態となり一過性の意識障害を起こすことがあるのです。浴槽内での意識障害が溺れて死亡する事故の原因の1つとして考えられています。特に65歳以上では、血圧を正常に保つ機能が衰えてきている人もいるので、日頃から血圧が不安定な人、風呂場でめまいや立ちくらみを起こしたことのある人は注意しましょう。

　リスクを軽減するためには浴室や脱衣所に暖房器具を設置し、入浴前に暖めておきます。また、食事直後や飲酒時、薬の服用後は、血圧が下がり、意識障害が起こる可能性があるので入浴は控えたいものです。

入浴時に気を付けたいポイント

❶ 入浴前に脱衣所や浴室を暖める

❷ 湯温は41度以下、湯につかる時間は10分までを目安に

❸ 浴槽から急に立ち上がらない

❹ 食後すぐの入浴や、飲酒後、
医薬品服用後の入浴は避ける

❺ 同居者がいる場合は、入浴する前に
一声掛けて意識してもらう

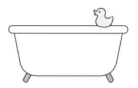

入浴中の事故は、
1月をピークに11月〜4月に多く発生

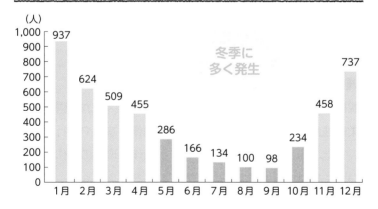

出典：消費者庁「冬季に多発する高齢者の入浴中の事故に御注意ください！」（2020年11月19日）（上下図表とも）

5 たった一度の「転倒」で 寝たきりに

● 転倒による危険性

転倒・転落は骨折や頭部外傷等の大ケガにつながりやすく、それが原因で介護の必要な状態になることがあります。

たとえ骨折の症状が軽くても、若いときに比べると回復に時間がかかります。さらに、転倒による不安や恐怖で何事にも意欲がわかず、気力がなくなり、活動が抑制され、そのことが転倒リスクの増加を招く悪循環につながることもあります。

「令和元年国民生活基礎調査」（厚生労働省）によれば、介護が必要となった主な原因は、認知症、脳血管疾患（脳卒中）、高齢による衰弱と続き、「骨折・転倒」は4番目の多さです。

● 転倒の原因

転倒の主な原因は、以下の通りです。

①加齢による身体機能の低下

②病気や薬の影響

③運動不足

加齢に伴い身体機能が低下し、筋力、バランス能力、瞬発力、持久力、柔軟性が衰え、とっさの反射的防御動作をすばやく行えなくなります。また、自分自身の予測・期待する動作と現実の動作との間に食い違いが生まれて転倒を引き起こすことがあります。

病気を抱え、何種類も薬を飲んでいる人もいるでしょう。薬の作用・副作用によって、立ちくらみやふらつく症状が出て転倒しやすい状態になっているケースもあります。

● 身近なところに転倒リスク

P86でも説明した通り、転倒事故の多くは、住み慣れた自宅で発生しています。東京消防庁によれば、おおよそ6割は自宅とのこと。具体的な場所は、居間・寝室、玄関、階段・廊下、浴室です。こうした実態を知り、身近な場所に転倒リスクがあると意識することが重要です。段差をなくし、床に雑誌や新聞等を置かないようにして少しでも危険を減らしましょう。

また、万が一、転倒しても大ケガに至らないよう、日頃から無理のない範囲で、下半身や体幹の筋力トレーニングを行いたいものです。P30で紹介したラジオ体操でもよいでしょう。

一方、近所の散歩や買い物等で外出した際にも転倒しやすい場所があります。特に雨や雪の日は、道路や建物内の床が濡れて滑りやすいため注意が必要です。道路と建物の境目等、床面が異なる材質の場所には用心を。犬の散歩中に転倒する人も多いので気を付けましょう。

5

転倒事故の特徴

転倒事故の発生場所

- 浴室・脱衣所
- 庭・駐車場
- ベッド・布団
- 玄関・勝手口
- 階段

転倒事故の状況

- 滑る
- つまずく
- ぐらつく
- ベッド等からの移動時に引っ掛かる

いざというとき「緊急通報」できるか

● ペンダント型の通報ボタン

　屋外で転倒して動けなくなったら、周囲にいる人が通報してくれると思います。では、自宅で1人過ごしているときに転んだり、胸が苦しくなったりして電話機のところまで行けなかったら？

　固定電話も携帯電話も手の届かないところにあると、救急車を呼ぶこともできません。

　そんなときに役立つ商品に、ペンダント型の通報ボタンがあります。押したり、握ったりするだけで通報できる仕組みです。

● 自治体サービスで借りるとお得

　実は、自治体の多くで緊急通報ができるペンダントボタンを提供しています。利用できる対象も内容も自治体ごとに異なるので、役所か地域包括支援センター（P108）に問い合わせてみましょう。

　一例ですが、右図は東京都中野区の仕組みです。対象者の自宅に本体機器、見守りセンサー、火災センサーを設置。無線発報ペンダントの機器が貸与されます。次の場合に区が委託している民間受信センターへ自動的に通報され、消防署等とともに救助活動が行われます。

　①利用者が首に下げたペンダントのボタンを押した場合

　②感知器（見守りセンサー）が14時間人の動きを感知しない場合

　③火災センサーが煙を感知した場合

　利用対象は、日常生活において常時見守りを必要とする65歳以上の1人暮らしの人等。利用する際の自己負担は、所得や心身の状態により異なりますが、月額300～1,300円です。

　全額自己負担でもよければ、民間のホームセキュリティサービス会社でも、緊急通報ボタンを用意しています。

● 鍵を保管するキーボックスを使う

　家で倒れて、何とか通報できたとしましょう。けれども、動けない状態だと、誰かが助けに来てくれても、玄関を開けられません。

　ホームセキュリティサービスでは、そのような事態を想定し、鍵を預かったり、専用の鍵を使用したりします。サービスを利用しない場合は、近所の友人や親族等に預けておけば、いざというとき安心です。

　誰かに預けることが煩わしいなら、キーボックスを使う方法が考えられます。中に合鍵を収めて、玄関のドアノブ（屋外）等にフックで取り付けます（多くはダイヤルキー）。誰かに「いざというときには、鍵を開けて入ってください」と伝えておく必要がありますが、鍵を預けるよりはハードルが低いでしょう。インターネット通販で2,000〜5,000円程度で購入できます。

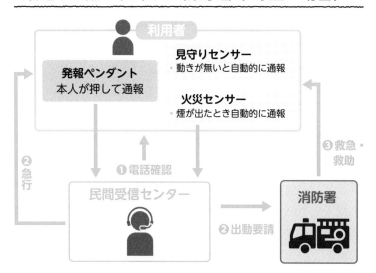

緊急通報の仕組み（東京都中野区の場合）

利用者

発報ペンダント
本人が押して通報

見守りセンサー
・動きが無いと自動的に通報

火災センサー
・煙が出たとき自動的に通報

①電話確認

②急行

民間受信センター

②出動要請

消防署

③救急・救助

逃げ遅れを防ぐ「避難行動要支援者名簿」

◉ 大震災では65歳以上の死者が多数

東日本大震災の教訓として、各自治体では「避難行動要支援者名簿」を作るようになりました。被災地全体で亡くなった人のうち、65歳以上が約6割だったそうです。

避難行動要支援者名簿とは、その名の通り、大地震等の災害が起こったときに、自力で避難することが難しく、支援を必要とする人々（避難行動要支援者）を、あらかじめ登録しておく名簿です。名簿情報の外部提供に同意すれば、平常時から、住まいの地域を担当する民生委員、防災組織、地域包括支援センター、消防機関、警察機関と共有されます。

通常、一定の年齢になると、地域の民生委員から名簿への登録について提案があります。特に提案がなくても、災害時、自ら避難することが困難で支援を希望し、地域団体等への名簿提供に同意するなら、地域包括支援センターに登録希望と申し出ましょう。

ただし、災害時には、地域の支援者自身も被害にあう可能性があり、必ずしも支援が約束されるわけではありません。

◉ 覚えておきたい「171」

地震等の大きな災害が発生すると、被災地への電話が殺到し、回線が混雑してつながりにくくなります。

通信各社では、こうした通信の混雑の影響を避けながら、家族や知人との間での安否の確認や避難場所の連絡をスムーズに行えるよう、固定電話・携帯電話・インターネットによって、「災害用伝言サービス」を提供しています。NTTが提供する電話番号は「171」です。

聞いたことがあっても、実際の利用方法を知らない人もいるかもし

れません。いざというときに慌てないために利用方法を押さえておきましょう。毎月1日・15日等に体験することができます。安否情報（伝言）を音声で録音（登録）すると、全国からその音声を再生（確認）することができます。

避難行動要支援者名簿活用のイメージ

市

❶ 名簿の作成

❷ 名簿の情報提供に関する同意確認

避難行動要支援者

❸ 同意書と申請書の提出

❹ 避難行動要支援者同意者名簿の提供

相互に協力

平日の見守りや災害時の避難支援、安否確認等

日頃の近所付き合い支援のお願い

避難支援等関係者

消防、警察、区や自治会、民生委員、児童委員等

避難支援者

地域住民等

※制度の運用方法については市町村によって異なる

住まいの「ロードマップ」は自身で！

◯施設に入れられる？

　「住み慣れた家で暮らし続けたい」と考えている人は多いと思います。「在宅が難しくなったら、そのときに考える」と……。

　けれども、この先、心身が弱ると自分では選択できなくなり、家族から「もう在宅はムリ」と、施設入居を決断されてしまうことがあるかもしれません。家族の価値観で選ぶ施設は、あなたの希望とは異なる可能性があります。それは、自身の老後にとって大きなリスクではないでしょうか。

　自分の老後の暮らし方を自分で選びたいなら、元気なうちに最期のときまでの「ロードマップ（計画表）」を描いておくことをお勧めします。いまの自宅での暮らしに支障が出たらどうするのか。急こう配の階段がある等、間取りによっては居宅サービスを利用しても生活の継続が難しくなることがあります。それなら、早めにリフォームしますか。その時期は？

◯移るタイミングはいつ？

　高齢者施設に移ることも選択肢とするなら、そのタイミングを練ることも大切です。

　代表的なのは、Aさん、Bさん、Cさん3人のタイミング。

A「いっそ元気なうちに。そして、家事からも解放されて、日々の生活を楽しもう」

B「配偶者が亡くなり1人暮らしになったら、そのときはホームに移ろう」

C「介護が必要で身のまわりのことを自分でできなくなったら、24時間体制でしっかり介護をしてくれる施設に入ろう」

さて、あなたはどう考えますか。タイミングによって、選択肢となる施設は変わってきます。

　そもそも高齢者施設には「住宅型」と「介護型」があります。Aさんのように、「家事から解放されて、日々の生活を楽しもう」と希望するなら住宅型が向きます。60歳以上で比較的元気な人を対象としている施設です。住宅型の有料老人ホームやサービス付き高齢者向け住宅が該当します。一般的なマンションのようにプライバシーをしっかり保ち、それでいて安心・安全面への対策を強化。多くは、共有スペースを充実させ、なかには温泉設備やプールを備えたところも。サークル活動が活発なところも多いです。

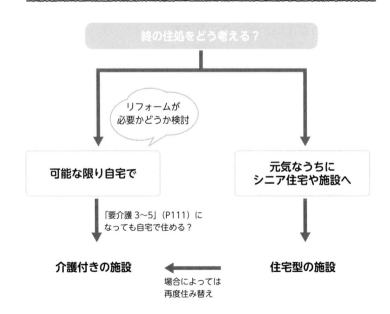

住まいの**ロードマップ**

終の住処をどう考える？

リフォームが
必要かどうか検討

可能な限り自宅で

元気なうちに
シニア住宅や施設へ

「要介護3〜5」（P111）に
なっても自宅で住める？

介護付きの施設 ← 住宅型の施設

場合によっては
再度住み替え

※筆者作成

Bさんのように、「1人暮らしになったら」というケースでも、元気だったら、住宅型がよいかもしれません。ただ、住宅型は介護に関しては手厚くないため、介護の必要度合いが増すと、住み続けることが難しくなることがあります（詳しくは次項で）。

　他方、Cさんのように、「しっかり介護が必要」なら、介護型が向くでしょう。介護型には、介護保険を利用して入居する公的な施設と、有料老人ホーム等の民間施設があります。いずれにしても、施設の職員から24時間体制で切れ目なく介護を行ってもらえます。

　高齢者施設といっても、その内容は大きく異なるため、成り行き任せだと「こんなはずでは」となりかねないので注意が必要です。

◉ 入居を除外しないほうがよい

　長年、筆者は介護を行う子世代を取材し、その葛藤や苦しみを見てきました。そして思うのは、将来の選択肢から高齢者施設への入居を除外しないほうがよい、ということです。

　心身が弱ってくると、自分が考える以上に、周囲を悩ませたり、影響を与えたりすることがあります。考えたくないことですが、自分が寝たきりになり、1人でトイレにも行けない状態になった姿を想像してみましょう。

　そのとき、家族が施設を選んでくれたら（あなたの希望とは異なったとしても）よいほうで、あなたが「施設に入るつもりはない」と言い張っていると、「あれほど入居を嫌がっていたのに、入居させるのは忍びない」と家族は躊躇し、結果、介護を抱え込むことになりかねません。あなたの介護のために家族が離職したり、過労で病気になったりすることは、本意ではないでしょう。

主な高齢者施設

	名称	特徴	要介護度
住宅型（比較的元気な人向け、60歳以上）	住宅型有料老人ホーム	食事の提供や家事支援、レクリエーション等のサービスを提供する民間施設。価格帯の幅は広い。介護が必要となった場合は別途契約で、在宅のときと同じように訪問介護等のサービスを利用する	自立〜中度
	サービス付き高齢者向け住宅（サ高住）	安否確認と生活相談サービスを提供する高齢者向けの賃貸住宅。オプションで食事や家事支援のサービスを行うところが多い。介護が必要となった場合は別途契約で、在宅のときと同じように訪問介護等のサービスを利用する	自立〜中度
	ケアハウス ◎	家庭環境等で自宅での生活が困難な人を対象とした福祉施設。収入によって費用の軽減を受けられる。おおむね自立して生活できることが入居条件。食事や家事支援のサービスを利用できるが、介護サービスは別途契約	自立〜中度
介護型（支援や介護が必要な人向け、65歳以上）	特別養護老人ホーム（特養） ◎	介護保険で入居できる施設。食事や入浴等の日常生活上の支援や、機能訓練などを行う。公的施設なので割安。人気が高く、待機者が多数いるところも。看取りまで行うところが増えている	要介護3以上
	介護老人保健施設（老健） ◎	介護保険で入居できる施設。入居期間は原則3ヵ月。病院を退院し、安定期にある人が入って、自宅に戻ることを目指す。リハビリテーションや必要な医療、介護を行う。特養の入居待機場所として利用しているケースも多い	要介護1以上
	介護医療院 ◎	介護保険で入居できる施設。生活するうえで長期に渡って、医療的ケアの必要度合いが高い人が入居できる。必要な医療、介護を行う。病院に併設されているところが多く、看取りまで行われる	要介護1以上
	介護付き有料老人ホーム【特定施設】	各都道府県より「特定施設」の指定を受けた民間施設。施設スタッフが入浴や食事等の日常生活上の支援や介護、機能訓練等を行う。看取りまで行うところが増えている。通常、料金は公的施設に比べて高い	要支援1以上
	グループホーム	おおむね身のまわりのことができる認知症の高齢者を対象とした民間施設。自宅のような家庭的な環境のもと、「ユニット」と呼ばれる9人程のグループに分かれて、家事等の役割を担いながら自立した生活を目指す	要支援2以上
	ケアハウス【特定施設】 ◎	各都道府県より「特定施設」の指定を受けたケアハウス。家庭環境等で自宅での生活が困難な人を対象としている。収入によって費用の軽減を受けられる。入浴や食事等の日常生活上の支援や介護、機能訓練等を行う	要支援1以上

◎は公的な施設。※制度の運用方法については施設によって異なる

※筆者作成

5

施設入居後の「強制退去」を心積もり

◉ 終の住処のはずだったのに

　終の住処と思って高齢者施設に入居したのに、本格的な介護が始まったところ、「うちでは看られません」と退去勧告を受けることがあります。心積もりをしていない場合、非常に慌てます。

　「まれなことだろう」と思う人もいるかもしれませんが、「出ていってください」問題は、決して他人事ではありません。

　「退去するかどうかを決めるのは入居者でしょ」と考えがちです。もちろん本人から退去を申し出る権利はありますが、通常、施設側からも勧告できる契約となっているのです。契約書及び重要事項説明書には、「入居者からの申し出」と並んで「事業者からの申し出」の欄もあるので、見落とさないようにしましょう。

◉ 退去となる理由

　どうなると、住み続けることが難しくなるのでしょう。

　月々の利用料を支払えなくなったり、入居者・身元引受人等に反社会的勢力の該当が判明したりすると退去となります。しかし、これらは当然といえば当然のこと（利用料が支払えなくなるケースについてはP164で説明します）。想定外だと慌てがちなのは、施設の職員体制では対応できない看護や介護が必要になった場合です。

　例えば、入居後に何らかの医療的ケアが必要になるとします。看護職員の配置体制は施設ごとに異なり、夜間も含め24時間体制のところはそれほど多くありません。その結果、継続的な医療行為が必要になると対応が難しくなるケースが少なくないのです。

　また、認知症が進んで他の入居者に迷惑がかかるような場合も、退去を言い渡されることがあります。「高額な有料老人ホームなら、まさ

か追い出されないのでは」と考える人もいます。けれども、利用料金の安い・高いに関係なく「出ていってください」問題は起きています。

　こうしたトラブルを回避するために、入居を検討する際には、早い段階で重要事項説明書をもらって、しっかり読みましょう。見学の際には、実際、これまで退去となったケースについて話を聞きましょう。前払い金が必要な施設なら、お金の返金があるかどうかも要確認です。

　もともと持病があり、いずれ本格的な医療的ケアが必要になりそうなら、24時間体制で看護師が待機する施設がよいかもしれません。軽度の認知症の場合も、将来的に進行することを見越し、認知症ケアを得意とするところを選びたいものです。

　あるいは、「元気なうちは、ここ。住めなくなったら、再度住み替える」と決めておくのも選択肢の1つです（P139の図参照）。ただし、住み替える際には、自分で手続きをすることは難しくなっている可能性が高いので、誰かに引っ越しを含めお願いする必要があるでしょう。

高齢者施設で多い　"退去要件"

- 月々の利用料を一定期間以上滞納した場合
- 入居者・身元引受人等に反社会的勢力の該当が判明した場合
- 施設の職員体制では対応できない看護や介護が必要になった場合

10 防ぎたい「介護の共倒れ」

● 女性の 1/2、男性の 1/4 が 90 歳超生きる

　人生100年時代といわれますが、実際90歳まで生きる確率は女性で2人に1人、男性で4人に1人となっています。女性に関していえば、4人に1人以上が95歳まで生存します。

　これほど長生きになると、誰しも「要介護」となる確率も、逆に「介護者」となる確率も高くなります。先日も、50代の「孫」の立場の人から、「79歳の母親が、102歳の祖母の介護を行っている。共倒れが心配だ」と相談を受けました。80代が100歳超の親の介護を担う時代なのです。そして、結婚している場合、配偶者の介護が重なるケースもあります。

　また、あるときは、介護の講演会で、終了後に70代の男性から声をかけられました。「くも膜下出血で倒れた妻を介護している。妻は病気のせいかわがままで、ときには彼女に対して声を荒げそうになる。妻はヘルパーを入れることを嫌がる。しかし、忙しくしている子供には頼りたくない。僕が介護するしかない」と思い詰めた表情で話すのでした。

　この男性のように、夫婦のうちどちらかが倒れると、多くの場合、もう一方が主たる介護者となります。介護の度合いが低い間は、「必要なときに手を貸す」程度ですむでしょう。しかし、寝たきりに近い状態になると生活は介護一色となっていき、約半数が「ほぼ終日介護を行っている」と答えている調査報告もあるほどです（厚生労働省「国民生活基礎調査」令和元年）。

● 元気なうちに話し合い、介護方法を決めておく

　75歳くらいから上の年代の方に取材すると、「元気だったら、日々

の生活に不自由はない。何でもできる。けれども、（親や配偶者の）介護をするのは、正直言って身体が辛い」と話す人が多いです。そして、どの人も声をそろえるように「子供には頼りたくない」と言います。

　けれども、抱え込んで共倒れすれば、自分のことまで誰かに介護してもらう必要が生じます。必ず、介護保険をはじめとするサービスを利用しましょう。そのときに「嫌だ」とならないように、元気なうちから、「介護が必要になったら、サービスを利用しよう」と家族間で話し合っておきたいものです。さらに、施設介護のことも想定しておくほうがよいでしょう。

　実際、自宅で居宅サービス（P112）を利用しても、生活を続けることに限界がくることがあります。具体的には、下記のような状態になると施設介護に移行するケースが多いです。P139の住まいのロードマップの図も見ながらシミュレーションしておきましょう。

5

施設介護を**決断**する**タイミング**例

- 要介護者本人が「施設に入りたい」と言う
- 自分や家族が共倒れしそう（体調を崩す・誰かが離職しなければやっていけない・ストレスで声を荒げたり手をあげてしまう）
- 要介護者本人が１人では身のまわりのことをできない（食事をとらない・トイレに行けない・火の始末ができない）
- 「要介護４」もしくは「要介護５」となる

「賠償責任保険」に無料加入！？

　2007年、愛知県在住の当時91歳で重い認知症の男性が徘徊し、電車にはねられ死亡しました。ＪＲ東海は男性の家族に対して、振り替え輸送等にかかった費用の720万円を支払えと提訴。当時、「亡くなった人の家族に対し請求するのか」とびっくりしました。

　結局、最高裁は、妻にも長男にも監督義務はなく、賠償金を支払う責任はないとの判決を出しましたが、考えさせられる一件でした。

　こうした認知症を原因とするトラブルが増えるに従い、自治体によるリスクに備える取り組みが始まっています。例えば、神戸市では、65歳以上の市民は自己負担なしに認知機能検診や認知機能精密検査を受けることができます。認知症と診断された場合には、GPSの導入（所在がわからなくなった際の駆けつけサービスを含む。※一部有料）や、事故を起こして責任を負った場合に備え賠償責任保険に加入できます（神戸市が保険料を負担）。

　あなたの暮らす自治体でも、何らかの取り組みを始めているかもしれません。地域包括支援センターに、制度の有無や内容を聞いてみましょう。

　もちろん、個人で賠償責任保険へ加入することもできます。ただ、単品ではほとんど販売されていません。火災保険、自動車保険等に特約として、比較的安い料金で付けられるケースが多いので確認してみましょう。

第 6 章

日々のお金

年金生活になると、それほどのゆとりはないかもしれません。かといって、節約ばかりでは楽しむことができなくなります。自身の経済状況を「見える化」することが大切です。

医療費と介護費には「自己負担の上限」がある

◎すべて合算できる

かつて、日本では「老人医療費無料化」の時代がありました。70歳以上（寝たきりの場合は65歳以上）の医療費自己負担分はゼロ。1973年からの10年間です。しかし、無料化により、外来も入院も受診率が上昇し、財政難となりました。

現在は、1ヵ月当たりの医療費の自己負担額の上限が決まっています。外来・入院の別や医科・歯科・調剤等で分けることなく、保険適用でかかった医療費をすべて合算して、上限額を超えた場合、超えた金額が戻ってきます。「高額療養費制度」です。70歳未満までは、合算できる自己負担額は2万1,000円以上のものですが、70歳以上は自己負担額をすべて合算できます。しかも右表のように外来だけの上限も決まっているので助かります。

◎「世帯」合算や「介護保険」との合算も

自分だけでは上限額を超えない場合でも、同じ世帯にいる他の人（同じ医療保険に加入している）の受診について、窓口でそれぞれ支払った自己負担額を1ヵ月単位で合算することができます。

その合算額が上限を超えたときは、超えた分が高額療養費として支給されます。

また、年齢が上がるにつれ、介護保険のサービスを利用するケースも増えます。介護にも、所得によって自己負担の上限額が決まる「高額介護サービス費制度」があります。さらに、1年を通して、「医療費＋介護費」が定められた上限を超えた場合に戻ってくる「高額医療・高額介護合算療養費制度」もあります。これらを利用できるので、必要以上に医療費や介護費のことを心配することはありません。

制度を利用するためには、申請が必要です。自身が加入している公的医療保険に高額療養費の支給申請書を提出します。

「支給対象となります」と支給申請を勧めたり、さらには自動的に高額療養費を口座に振り込んでくれたりするところもあります。

○「限度額適用認定証」を入手

医療費が高額になりそうなときは、事前に、「限度額適用認定証」を入手しましょう。医療機関等の窓口で提示することで、負担する金額は適用区分に応じた自己負担限度額までとなり一時的に多額の費用を支払う必要はなくなります。

特に、入院するときは、事前に入手しておくことをお勧めします。「申請方法等詳細がよくわからない」場合は、加入している保険者に問い合わせましょう。加入している保険者は、健康保険証に記載されています。

6

医療費の上限は70歳が分岐点（一般的な年収の場合）

		自己負担上限（月）
70歳未満	一般的な年収（やや多め）	9万円程
	一般的な年収	5万7,600円
70歳以上	一般的な年収	外来：月1万8,000円 入院＋外来：月5万7,600円

『70歳以上は外来だけの限度額が月1万8,000円なのは助かる！

2 個室に入院すると「差額ベッド代」が必要

◎ 高額療養費の対象外

　前項で紹介した高額療養費は、「食費」や患者の希望によってサービスを受ける「差額ベッド代」「先進医療にかかる費用」は対象とはなりません。差額ベッド代の正式名称は「特別療養環境室料」です。通常、入院すると6人部屋に入ります。6人部屋では別途費用はかかりませんが、1〜4人部屋を希望して移動すると料金が発生します。

◎ 払わなくてもよいケースがある

　個室に入った場合でも、差額ベッド代がかからないケースがあります。厚生労働省の通達では以下のケースでは、病院は差額ベッド代を請求してはならないと示されています。

- 患者が同意書にサインしていない、あるいはサインをしたとしても同意書の説明内容が不十分な場合
- 大部屋に空きがない場合や、患者の治療上の必要性により差額ベッドを利用した場合

　つまり、希望して同意書にサインをした場合は、支払いが必要になるということです。

　短期間の入院ならともかく、もし長期入院となったら、高額な請求書を見て驚くことになりかねません。ときどき、「高齢の親が入院して個室を希望している。でも、そんな経済力はない」と頭を抱える子世代に会うことがあります。本人が支払えなければ、入院保証人となった家族が支払うことになります。

　家族に負担をかけないよう、自身に支払い能力があるのかどうか、資産状況に加えて民間保険や共済に加入している人は、入院特約の有無や保証内容を調べて、信頼できる家族らに伝えておきましょう。

10日間入院にかかる費用例
(1日7,000円の個室に入った場合／70歳未満)
(総所得210〜600万円／年世帯の場合)

| 治療費
1ヵ月上限
9万円程 | **+** | 食費
1食460円
1万3,800円 | **+** | 差額ベッド代
1日7,000円
7万円 | **+** | テレビ、洗濯、
オムツ代等の
別途費用
1万円 |

- 個室利用の場合　　18万3,800円
- 6人部屋利用の場合　11万3,800円

※所得や年齢によって治療費、食費に違いがある

差額ベッド代の平均額

1人部屋	7,907円
2人部屋	3,099円
3人部屋	2,853円
4人部屋	2,514円
平均	6,258円

差額ベッド代の基準
1. 1病室4床以下
2. 面積が1人当たり、6.4m² 以上
3. ベッドごとにプライバシーを確保する設備の設置
4. 個人用の私物収納設備・照明・小机・椅子の設置

出典：厚生労働省「第422回中央社会保険医療協議会総会・主な選定療養に係る報告状況」令和元年9月

「民間保険」加入は 必要、それとも不要？

● 現金で残すことも選択肢

　民間保険への加入が必要かどうかは、それぞれの考え方にもよるので正解があるわけではありません。しかし、"加入すればよい"というものでもないでしょう。

　まず、「医療保険」から考えてみましょう。入院やケガに備えるものですが、P148で紹介した通り、日本は国民皆保険であり、しかも高額療養費制度があります。特に70歳以上では手厚くなっています。

　近頃、「高齢になってからでも入れる民間保険」のテレビCMを見ることが増えました。「お葬式代くらいは」と考える人もいるようですが、高齢になってから加入する民間保険料は、通常、割高です。それに、保険の場合、限定した使い方しかできません。すでに加入している保険がある場合はともかく（解約すると損する可能性があります）、未加入の場合は、あえて加入せず現金で残すほうが使い勝手がよいケースが多いと思います。

　「民間介護保険」や「認知症保険」についても、年齢を重ねてからの加入は、お得感が限定されます。

● 相続対策としての生命保険

　「生命保険」はどうでしょうか。そもそもその役割は、保険を掛けている本人が亡くなったときに、残された家族が生活に困らないようにするものです。ある程度の年齢になると、自分が死んでも、誰かが生活に困ることにはなりません。

　しかし、生命保険には相続と関連した別の側面があります。

　昔は、相続税は一部の富裕層にのみ関係のあるものでしたが、現在

は、基礎控除額が小さくなり、庶民にも身近となりました。

　相続税の基礎控除額の計算式は「3,000万円＋ (600万円×法定相続人の数)」です。例えば、夫婦と長男と長女の４人家族において、夫の相続が発生するとしましょう。法定相続人は妻・長男・長女の３人となるため、相続税の基礎控除額は「3,000万円＋ (600万円×３人) ＝4,800万円」と算出されます。

　相続財産がこれ以上ある場合、相続税対策として生命保険を活用する人もいます。生命保険金の非課税枠を使えるからです。計算式は「500万円×法定相続人の数」。例えば、妻と子供２人の計３人が法定相続人である場合、「500万円×３人＝1,500万円」までなら非課税限度額の範囲内なので、保険金には相続税がかからないことになります。

　また、生命保険は受取人を指定できるので、自分が渡したい人に確実に財産を遺すことができます。

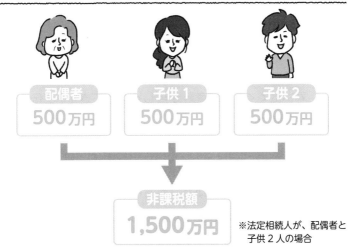

生命保険金の非課税枠のイメージ（相続税）

配偶者	子供１	子供２
500万円	500万円	500万円

非課税額
1,500万円

※法定相続人が、配偶者と子供２人の場合

「孫への支出」は余力の範囲で

●余力以上の援助をしない

　シニアが孫のためにいくら使っているかの調査があります。年間の平均額は10万5,000円程。右がその内訳ですが、1位「おこづかい・お年玉・お祝い金」、2位「おもちゃ・ゲーム」、3位「一緒に外食」と続きます。2021年はコロナ禍で遠出を避ける傾向が強かったため、「一緒に旅行・レジャー」は減少しています。

　孫に対し「できる限りのことをしてあげたい」と考え、財布のひもがゆるくなる人もいます。特に、初めての孫に対して、嬉しさから祝い金を弾む傾向があります。しかし、お祝いをするイベントは、誕生時だけでなく、お宮参り、お食い初め、誕生日、お節句……と、続きます。また、2人目、3人目の孫が誕生することもあるでしょう。支出は2倍、3倍となります。

　特に、習い事等への継続的な援助は慎重に。一度出すとやめるのはもちろん、金額を下げることも難しくなります。

　それに、高額なお金を出すと、「うちの親は余裕がある」と思われ、子供夫婦から頼られる回数が増えてしまうかもしれません。援助しすぎないように気を付けたいものです。何らかの事情で、負担感が増してきたら、言いにくくても「家計が苦しくなってきた」と伝える勇気を出すことも必要でしょう。

●贈与する際には非課税枠を使う

　一方で、明らかに経済的なゆとりがあり、子世代、孫世代に多くの援助をしている人も注意が必要です。原則として、資金援助は「贈与」にあたり、税が発生するからです。

　合法的に非課税で贈与する方法があるので、上手に活用したいものです。

①贈与税の非課税枠年間110万円を活用した贈与

②都度贈与

③教育資金の一括贈与に係る贈与税非課税措置の活用

　①については、P184でも説明しますが、1年間に110万円以下であれば贈与税はかかりません。

　②については、ざっくりとした金額を渡すのではなく、「旅行代」「帰省の交通費」等、必要なお金を都度渡して使い切れば生活に必要な費用と認められます。

　③は30歳未満の子や孫に教育資金を贈与する場合に、子・孫1人につき1,500万円まで非課税になるというものです（2026年3月31日までの特例制度）。習い事の場合は（ピアノ教室やスイミング等）、500万円までと制限があるので注意しましょう。

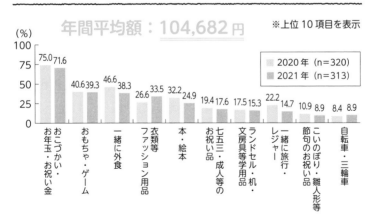

1年間に**孫**に**使ったお金**の内訳 （複数回答形式）

年間平均額：104,682円　※上位10項目を表示

出典：ソニー生命「シニアの生活意識調査2021」

自分のお金を「見える化」

◉自分で自分の生涯の支出を賄う

「この先、お金は足りるのか？」と不安になることがあるかもしれません。蓄えや、月々の年金収入があっても、何歳まで元気で、あるいはどんなふうに介護が必要になり、どのように死を迎えるのか、先が読めないためです。その結果、必要以上に財布のひもが固くなることがあります。

浪費はしたくありませんが、自分の持ち金の範囲なら、「我慢」や「節約」ばかりではなく、楽しむことも大切なのではないでしょうか。1章で紹介した通り、さまざまな楽しみ方があります。

そのために考えなければいけないのは、「現在の預貯金残高と今後の収入で、生涯の支出を賄えるか」ということに尽きます。

◉一覧にして現状を把握する

まず、月々の収入と支出を書き出し、さらに資産と負債の状況を一覧にしてみましょう。

ちなみに、総務省の家計調査（2021年）によると、65歳以上の夫婦のみの無職世帯についてみると、平均で、実収入は23万6,576円、可処分所得（税金や社会保険料等を除いた手取り）は20万5,911円で、消費支出は22万4,436円。65歳以上の単身無職世帯の実収入の平均は13万5,345円、可処分所得は12万3,074円。消費支出は13万2,476円で、いずれも月々赤字になっています。

あなたの家計は、黒字なのか、赤字なのか、どちらでしょう。赤字なら、家計を工夫するか、蓄えから取り崩すかを考えなければなりません。

◯ “イベント” の予算を省いて割り算

　蓄えを取り崩す場合、そこから、これから想定するイベントの費用を引き算した後に、余命で割ってみるといいでしょう。1年間に取り崩せる金額を算出できます。

　「余命はわからない」という声が聞こえてきそうですね。女性は「105－現在の年齢」、男性は「100－現在の年齢」をお勧めしています。

　イベントとは、これからやろうと計画していること。人によって異なりますが、例えば、「旅行◯回分（海外旅行含）」「子供への援助」「有料老人ホームへの入居」「介護」等が該当します。各イベントに充てたい金額も考えます。頭で考えているだけでは具体化しにくいので、書き出してみましょう。念のため、予備費も確保を。

　1年間に取り崩せる金額がわかれば、その範囲内なら我慢ばかりせずに潔くお金を使う！　予想したよりも金額が乏しい場合は、イベントに優先順位を付け、下位のものは削除、または予算を減らします。

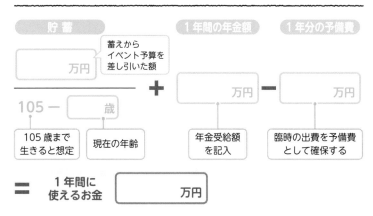

1年間に使えるお金のシミュレーション

※筆者作成

157

生活費を「スリム」にする工夫

◉節約効果が継続する固定費に着目

　家計は、大きく「固定費」と「変動費」に分けることができます。

　固定費は毎月必ず発生する費用のこと。住居費、水道光熱費、通信費、保険料等がこれに当たります。

　変動費とは、毎月支出があるものの変動幅の大きな費用。食費、趣味やレジャーの費用、衣類、医療費、交際費等です。

　生活費の節約といえば、食費を削ることが第1候補となりがちです。もちろん、外食や弁当の購入を減らすことでスリム化できる場合もあるでしょう。けれども、特にシニア世代にとって、食べることは日々の楽しみです。それに、P94でも紹介した通り、しっかり食べることは健康面からも重要です。

　そこで、食費に手を付ける前に、固定費に着目を。固定費は口座引き落としになっていることが多く、支払っている感覚が薄いため、不要なのに放置状態になっているものが少なくありません。一度見直せば、日々の削減努力を必要としないのも嬉しいポイントです。

◉1年分の固定費を一覧に書き出す

　家計簿をつけていない場合は、まず、自動引き落とししている口座の記帳を。できれば、項目ごとに1年分、月々引き落とされている金額を書き出してみましょう。水道光熱費、通信費、定期購入品、習い事や趣味の月謝等。1年分を書き出すことによって、季節による増減等も把握できます。クレジットカードの年会費も確認を。複数枚持っている場合は、不要なものを解約しましょう

　読んでいないのに、新聞を取っているようなケースもあるかもしれません。不要なら購読中止を。

◎プランの見直しを検討する

　使っているものに関しても、自分にとって適正なプランかどうかを確認します。例えば、スマートフォン。格安スマホに乗り換えることで月々数千円の節約になったという声をよく聞きます。格安スマホは、通信料だけでなく、電話料金も安くしている会社が多いようです。

　また、家族構成が変化しても電気の契約アンペア数を変えていない家が多いようです。人数が減れば、同時に使う電化製品は減るので、通常、必要なアンペアも減ります。見直すことで、1年分として考えるとバカにならない額となります。

　また、P152で説明したように、民間保険に加入している場合は本当に必要か、よく考えましょう。見直しや解約により、家計のスリム化に成功するかもしれません。

6

固定費

➡毎月一定額必要な費用

家 賃　　通信費

住宅ローン

各種保険

水道光熱費

等…

一度見直せば節約効果が

継続していく

変動費

➡月によって変わる費用

食 費　　レジャー費

趣味の費用

交際費　　　美容費

医療費

等…

日々意識して節約の

努力が必要

「介護費用600万円」は本当？

● 平均値と必要額は異なる

　雑誌やインターネットで「介護費用は600万円必要」という記事を見かけることがあります。これは生命保険文化センターの調査（2021年）を使って出された数字です。まず、介護に要する費用（公的介護保険サービスの自己負担費用を含む）のうち、一時的な費用の平均は74万円（住宅改修や介護用ベッド等の購入費）。そして月々必要な費用の平均は8万3,000円。一方で、介護に要する期間の平均は5年1ヵ月（61ヵ月）。「74万円＋8万3,000円×61ヵ月＝580万3,000円」となるのです。

　しかし、報告書にケチをつけるわけではありませんが、これはあくまで平均です。介護では、個別事情が大きく影響するため、平均はあまり参考にはなりません。そもそも介護保険を利用する場合の負担割合も、P110で紹介した通り、1〜3割と幅があります。それに、介護を行った場所別では、「在宅」4万8,000円（月）、「施設」12万2,000円（月）と違いがあります。

● 施設にかかる費用は幅が広い

　施設介護では、在宅介護以上に費用の幅が生じます。有料老人ホームに入居して24時間体制の介護を受ければ、到底12万円（月）ではおさまりません。一方、特別養護老人ホームの場合は収入によって費用は異なり、6〜14万円（月）くらいなので、平均に近い数字といえるかもしれません。また、介護期間についても、5〜6年とは考えないほうがよいでしょう。

●「いくらかかるか」ではなく「いくらかけるか」

結局、介護の費用は「いくらかかるか」ではなく、「いくらかけるか／いくらかけられるか」という視点が大事です。「いくらかかるか」と考えても、いまさら、受給する年金額を増やすことはできませんから。

自分の持ち金のなかで予算を決めて、それ以内に抑える。お金がいっぱいあるなら、介護保険のサービスだけでなく、自費サービスも使えるでしょう。逆なら、介護保険や公的サービスを使い倒す。施設介護を検討する場合も、民間施設は選択肢から外し、特別養護老人ホームを狙います。

介護にいくらかけるか（予算別の目安）

Aさん（女性／80代／要介護3）＊1割負担の場合

> 在宅

予算：1万円／月のケース
・週に2回 ホームヘルプサービス
・週に1回 デイサービス　　　　　　　計7,000円／月

予算：2万円／月のケース
・週に4回 ホームヘルプサービス
・週に4回 デイサービス　　　　　　　計2万円／月

> 施設

予算：10万円／月のケース
・特別養護老人ホームに入居　　　　　計10万円／月

予算：30万円／月のケース
・介護付き有料老人ホームに入居　　　計26万円／月

（別途入居一時金1,500万円）

夫死亡後の「妻の年金額」

● 妻が1人暮らしになる可能性

　結婚していて配偶者が健在な場合は、2人分の収入を生活費にあてているケースが大半だと思います。

　妻のほうが年下の場合が多く、しかも長寿ということもあり、夫が先に亡くなり妻が1人暮らしになるパターンがどちらかといえば多いといえるでしょう。そうなると、妻1人分の年金で生活することになります。通常、2人暮らしが1人暮らしになっても、生活費は半減するわけではありません。

　年金額は現役時代の働き方やその期間、報酬額によって違います。「夫が亡くなれば、遺族年金があるから大丈夫」と考えている人もいますが、想像しているよりも少ない額かもしれません。

● 年金大幅減の現実

　具体例で考えてみましょう。

　夫は平均的な年収の会社員で40年間勤務。妻は専業主婦だったとします。夫が生きている間は、夫の年金は月15万5,000円程。妻の年金は月6万5,000円程。合計約22万円となります。このケースで夫が死亡すると、遺族厚生年金は7万円弱。妻にはもともとの6万5,000円に7万円弱がプラスされておよそ月13万円が支給されることになります。

　持ち家で家賃が不要なら、何とかやっていける額かもしれません。しかし、これはよいほうです。夫が自営業だったケースでは、夫の生前、夫婦それぞれ月6万5,000円程で、計月13万円。夫の死後、遺族年金はないため、妻は月6万5,000円でやりくりしなければならなくなります。

結婚していても、夫婦同時に亡くなることはめったにありません。長期的に家計をプランする場合には、こうした現実も知っておくことが必要です。具体的な年金額を知りたい場合は、日本年金機構の年金相談の窓口に行けば、シミュレーションし金額を教えてもらうことができます。

　年金は、65歳で受け取らずに66歳以降75歳までの間で繰り下げて増額した額を受け取ることができるので、よく検討しましょう。

● 配偶者死亡後の介護方法を要検討

　夫に対し施設介護を選択することもあるでしょう。看取りの様子を目の当たりにし、妻は、「次は、私がここに入ろう」と考えるかもしれません。しかし、夫の施設費用は年金で賄えていたとしても、残された妻の分は捻出が難しいケースもあります。夫婦2人暮らしの場合は、双方の介護方法をよくシミュレーションしておくことが大切です。

6

夫の生前・死亡後の年金額例

	2人分の年金額 （夫の生前／月）	妻1人分の年金額 （夫の死亡後／月）
夫（現役時代：会社員） 妻（専業主婦）	約22万円	約13万円
夫（現役時代：自営業） 妻（専業主婦）	約13万円	約6万5,000円
夫（現役時代：会社員） 妻（現役時代：会社員）	約30万円	約15万円

※筆者作成

8

長生きリスクとは

　「長生き」という言葉は、もともとよいイメージで使われてきました。けれども、最近はリスクと捉え、「長生きリスク」という言葉も生まれています。長生きすることによって、老後のために備えたお金が枯渇し生活が困窮することがあるからです。思わず、顔をしかめたくなりますね。けれども、珍しい話ではありません。

　筆者は、シニア世代に向け講演を行うことがありますが、参加者から有料老人ホームに入居するための資金計画案を聞いて慌てることがあります。ある70歳の女性は、「90歳まで生きる」と想定し、20年でプランしていました。当人としては、長めに見積もって「90歳」と考えているようですが、95歳、100歳と生きれば、どうするのでしょう。

　実際、子世代の方から、「親を85歳で有料老人ホームに入れた。90歳くらいまでと考えてホテルライクな高級なところを選んだのだが、入居後、しっかり3食とり、リハビリやレクリエーションを受けるので、どんどん元気になった。今年、93歳。長生きは嬉しいが、いまのホームに住まい続けさせるだけのお金がない」と相談を受けることがあります。

　お金の計算をする際には、女性の場合、105歳でシミュレーションすることをお勧めしています。

第 7 章

自分らしい最期

死んでからのことより、余命のある間を自分らしく生き抜
く方法を考えましょう。そのためには、行き当たりばったり
ではダメ。ある程度、準備が必要です。

いつか訪れる「不健康期間」

● ポックリ死ねない

　家族に向けて墓のことや、財産のことを言い残そうと、あれこれ思いを巡らせている人は多いと思います。「身辺整理をしよう」と荷物の処分を始めた人もいるかもしれません。終活を考えるとき、もちろん、それらは大切な行為なのでしょう。ですが、その前に、身体が思うように動かなくなったときの生活方法について考えておくことのほうが、より重要なことではないでしょうか。

　「平均寿命」に対し、「健康寿命」という考え方があります。平均寿命とは「0歳における平均余命」のことです。一方、健康寿命とは、「健康上の問題で日常生活が制限されない期間」のこと。平均寿命と健康寿命の差は日常生活に制限のある「不健康な期間」を意味するのです。その期間は、右図の通り8〜12年もあることがわかります。めったに、ポックリとは死ねないのです。

● 「誰の世話にもならない」は難しい

　P110で説明したように、もしも介護が必要になったら、介護保険をはじめ、さまざまなサービスを利用することができます。

　ただ、直接的な介護はサービスを利用するとしても、自分自身の判断能力が低下してきたら、誰に、サービスの契約や支払いの段取りを頼みたいでしょうか。結婚をしている人は「配偶者」と答える人が多いですが、通常、どちらかが先に亡くなります。生きていたとしても、配偶者も健康を害している可能性があります。また、シングルの人やすでに配偶者を亡くした人もいるでしょう。

　「誰の世話にもならない。家族の手を煩わせるつもりはない」と断言する人もいますが、自分にも訪れる不健康期間のことを考えれば、

それは簡単ではありません。

　通常、いつか家族や親族の手を借りることになります。

◎ 親族以外の候補

　適当な家族、親族がいない場合はどうなるのでしょう。

　2021年に亡くなった作家の瀬戸内寂聴さんの最期を支えたのは、66歳年下の女性秘書だったと雑誌記事で読みました。作家と秘書の関係を超えた、友人のような間柄だったと書かれていました。そんな人に巡り会えれば幸せですが、それもめったにない話です。

　あとの項で紹介しますが、お金を払ってサービスに託す方法もありますが、当然ながら、元気なうちに準備が必要です。

　自分の人生なのですから、死んでからのことより、自分が生きている間のことを考えておくほうが大事なのではないかと思います。

7

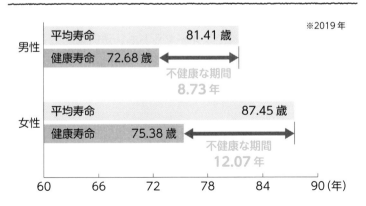

平均寿命と健康寿命の差

※2019年

男性
平均寿命　81.41歳
健康寿命　72.68歳
不健康な期間　8.73年

女性
平均寿命　87.45歳
健康寿命　75.38歳
不健康な期間　12.07年

60　66　72　78　84　90 (年)

出典：厚生労働省「健康寿命の令和元年値について」(2021年12月20日)

2 平穏な終末期に欠かせない 「事前指示書」

死期を延ばせる時代

　医学が進歩し、ある程度死期を延ばすことができる時代となっています。誰しも、必ず"そのとき"はやってきます。どこまでの治療を希望するか、自分の人生なので考えておきたいものです。

　延命治療には心臓マッサージや人工呼吸器の装着、胃ろう等の経管栄養があります。本当は、そのとき、自分で希望を言えればいいのですが、認知症や病気の進行で意思表示ができなくなる可能性大です。本人が意思表示できないと、家族が医師から問われることになるのですが、正解のないテーマだけに、家族、親族らにとって難しい選択となります。

元気なうちに意思表示をしておく方法

　自分の意思を尊重してもらうためには「事前指示書」を書いておくことが有効です。自分の「終末期医療（ターミナルケア）をどうしてほしいのか」事前に意思表示をするための書類です。インターネットで検索するとひな型がいくつも出てきます。

　事前指示書には決められたフォーマットも、法的強制力もありません。しかし、通常、医師をはじめとする医療従事者や介護従事者は、事前指示（本人の意思）を基本にしたうえで治療に関する方針を決定します。

　国の調査によると、事前指示書を支持する人は多いものの、実際に作成しているのは8.1％とごく少数です。元気なうちは「そのうち書こう」と思ってしまうのでしょう。

　事前指示書を書いた場合は、必ず家族等、自分のことを託したい人にその存在を伝えておきましょう。その他、自身の終末期医療の希望

を残す方法としては、日本尊厳死協会（https://songenshi-kyokai.or.jp/）に入会したり、法律に従って作成する公文書（公正証書）にしておく方法もあります。

事前指示書に記しておきたい主な治療内容

① 心臓マッサージ等での心肺蘇生
② 延命のための人工呼吸器の使用
③ 胃ろう／鼻チューブによる栄養補給
④ 点滴による水分補給
⑤ 痛みのコントロール
⑥ その他の希望

> 自分で判断できなくなった際に、代わりに判断してほしい人の名前を書いておくことも大切

事前指示書の作成状況

■ 事前指示書をあらかじめ作成しておくことへの賛否

賛成である　　反対である　　わからない　　■ 無回答

一般国民
(n=973)

66.0　　29.1　　(%)
2.1　　2.9

■ 事前指示書の作成状況（事前指示書の作成に「賛成」と回答した者）

作成している　　作成していない　　■ 無回答

一般国民　8.1　　91.3　　(%)
0.6

※一般国民（医師、看護師、介護職以外）

出典：厚生労働省「人生の最終段階における医療に関する意識調査」2017年

相続のことを考える前に自分の「老後費用」

●ロードマップを実現するためのお金は？

P138で住まいのロードマップを描くことを提案しました。せっかく考えたなら、プランを実行するフローを考えておきたいものです。

自分の介護のことをお願いする人にロードマップを伝えると同時に、それを実現するためのお金の在処、どのようなタイミングで、どうやってお金を引き出せばよいかも伝えておきましょう（心身の状態によってはロードマップ通りにはいかないこともあり、調整してもらう必要が生じることもあります）。

現在の80代以上は、こういう準備をしていない人が大半です。その結果、家族は「どうしてあげればいいのかわからない」「当人の預貯金をおろせない」とテンヤワンヤです。本人にとっても、自分で決めるわけではないため、自身の意思が反映されず不本意な結果となることもあるでしょう。

●夫婦間でもお金を引き出せない

いまの時代、個人情報の管理が厳しくなっており、家族といっても名義人でなければお金を引き出すことは容易ではありません。親子に限った話でなく、夫婦間も例外ではないのです。

自分のお金の管理を誰かに託したいなら、あらかじめ金融機関に「代理人指定」をしておく等手立てが必要です（「代理人指定」については、次項で説明します）。

また、株等を保有している人は、さらなる注意が必要です。もし認知症になり判断力が低下すると、自分で売却して現金化することはできなくなります。準備をしていなければ、家族に頼むことも困難です。

知り合いの男性の話ですが、その昔、親が日本航空の株を保有していました。破綻のうわさが広まるも、親は認知症で売却できません。結局、経営破綻し紙くずになるまで男性は傍観しているしかありませんでした。

● 自宅の売却はもっと難しい

　「いざとなったら、自宅を売って、そのお金で施設に入る」と話す人は結構います。しかし、株等にも共通しますが、“いざ”というときには、通常、判断力が低下しており、契約行為はできない状態になっています。本人が売れないものを家族が売ることは、事前に手続きをしていなければ困難と言わざるを得ません。

　そうなると、せっかくロードマップを考えても実行不能です。もしくは子供、親族らに負担をかけることになります。相続の前に、自分自身のために自分のお金を使えるようにしておきたいものです。それでも残るお金があって、ようやく相続なのではないでしょうか。

自分の**財産**を守れない！？

例えば認知症になったら

預貯金 …… **動かせない（配偶者や子でも難しい）**

株の売買 …… **困難**

自宅を売却して施設に入居 …… **困難**

悪徳商法や詐欺 …… **被害にあいやすくなる**

知人や親族の使い込み …… **被害にあいやすくなる**

口座凍結を防ぐ「代理人カード」「代理人指定」

◉ 家族では窓口で門前払い

　あなた自身が入院すると想像してみてください。入院すると、通常、すぐに入院保証金として5〜10万円程の支払いが発生します。現金での支払いを求める病院もあります。

　自分でATMにお金をおろしに行くことができない状態であれば、通常家族にお願いします。キャッシュカードを渡すか（暗証番号を伝える）、通帳と印鑑の保管場所を伝えます。窓口に行く場合は、金融機関に提出する委任状を書ければ代理人が引き出せます。しかし、そのとき、あなたが意識不明の重体だったら？　認知症が進行していたら？　窓口で門前払いとなり、家族は途方に暮れることになります。

　「そんなこと、めったにない」と思うかもしれませんが、実は、こうした「資産の凍結問題」は全国で多発しています。2021年全国銀行協会は「医療費の支払い等本人の利益に適合することが明らかである場合に限り、（親族らの）依頼に応じることが考えられる」という指針を出したほどです。しかし、あくまで指針であり、対応は銀行によって異なります。引き出し可となっても、極めて限定的で家族が管理できる状況とはなりません。

◉ 2枚目のキャッシュカード

　金融機関によっては、2枚目のキャッシュカードである「代理人カード」を作ることができます。元気なうちに作成して、家族に渡しておけば、家族は定められた範囲でスムーズに出金できます。あるいは、あらかじめ家族を「代理人指定」しておく方法も考えられます。

　ただし、いずれの方法も、自分の財産を家族に好き勝手に使い込まれる危険があります。家族といっても、なかには財産を狙っている人

もいるかもしれません (そのようなときは、P176「任意後見制度」の利用の検討を)。

◉引き落としは年金口座に統一

このように、自分で自分のお金の管理ができなくなることもあるので、元気なうちに、なるべく手持ちの預貯金をシンプルにしておくことをお勧めします。

公共料金の引き落としは、年金が入金される口座とそろえておきましょう。自分で管理できなくなると口座の残高が減り、引き落とせなくなる可能性があります。そうなると、電気やガスが止められてしまうこともあります。暖房器具やエアコンが止まると、命にかかわる重大な事態が起こりかねません。

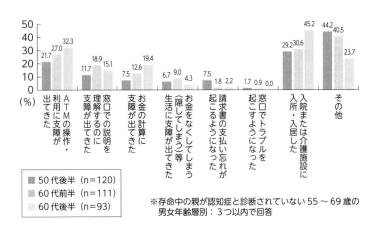

親の預貯金や財産の一部でも管理や管理の支援をする理由となった親の状態について

※存命中の親が認知症と診断されていない 55 ～ 69 歳の男女年齢層別：3つ以内で回答

50 代後半 （n=120）
60 代前半 （n=111）
60 代後半 （n=93）

出典：明治安田総合研究所「親の財産管理と金融リテラシーに関するシニア世代の意識と実態」(2019年8月9日)

5 「自宅」を自分のために 使い切る

◉遺す必要がないなら現金化

　国の調査によると、65歳以上の人がいる世帯の8割以上が持ち家に居住しています。子らにその家を遺す必要がないなら、自分のために使い切ってしまうのも悪くない方法です。

　自宅を現金化する一般的な方法は「売る」と「貸す」。けれども、この2つから選ぶと、自分は自宅に住み続けることはできません。

◉「リバースモーゲージ」と「リースバック」

　自宅に住まいながら現金化したいなら、「リバースモーゲージ」や「リースバック」を利用するという選択肢があります。

　リバースモーゲージは自宅を担保にして銀行等からお金を借りる方法です。契約者の死亡または契約期間の終了後に、自宅を売却して借入金を一括で返済します。

　一方、リースバックでは、不動産会社等に自宅を売却して代金を受け取ります。そして、売却と同時に賃貸契約を結んで、家賃を支払って住み続けます。

　2つの方法は、自宅に住み続けながら老後資金を得るという点では共通しますが、所有権の有無という点で大きな違いがあり、活用できる幅も違ってきます。リバースモーゲージは借入なので、資金用途が限定されますが、リースバックは売却であり、活用幅は広いです。前者は家賃不要で、月々の支払いは利息のみ。後者は家賃が発生します。

　ただ、いずれの方法も必ずしも生涯分の資金を得られるわけではありません。思いのほか長生きした場合、枯渇する可能性をはらんでいます（P164「長生きリスクとは」参照）。

●国の制度「不動産担保型生活資金」

　所得が少ないシニア向けに国が実施するリバースモーゲージもあり、「不動産担保型生活資金」といいます。貸付限度額は土地評価額の70%程度。貸付額は1ヵ月当たり30万円以内で、3ヵ月ごとに受け取ります。窓口は地元の社会福祉協議会です。

　その他、よく似た商品に住宅金融支援機構と提携している金融機関が融資する「リ・バース60」もあります。自宅を担保にして借入れをするという点においてはリバースモーゲージと同じです。ただし、住宅に関連する使途のみに利用可能で、生活資金等には使うことができません。住宅リフォームや住み替えるための住宅の建設・購入資金等に利用できます。

7

リバースモーゲージとリースバック

	リバースモーゲージ	リースバック
内容	自宅を担保にし、融資枠内で借り入れをする	自宅を売却し、資金を得る。同時に賃貸借契約を締結
現金受け取り方法	融資枠内で、定期的に受け取る	売却と同時に一括で受け取る
月々の支払	利息のみ	家賃
使用使途	制限あり	自由
家族との同居	配偶者のみ	制限なし
相続人の事前承諾	必要	不要

※商品によって内容は異なる
※筆者作成

「任意後見制度」で
自分のことは自分で決める

成年後見制度の１つ

　成年後見制度という言葉を聞いたことがあるでしょうか。認知症等で判断能力が不十分な人の財産管理や身上監護を後見人が行う仕組みです。

　本人の判断力が低下してから家庭裁判所が後見人を選ぶ「法定後見」と、あらかじめ本人が任意後見人を選ぶ「任意後見」があります。

　何の準備もしないまま認知症が進み、例えば銀行に預けているお金をおろせないような事態になったら、法定後見を利用することになります。後見人であれば、入出金等を代行できます。ただし、後見人を選ぶのは家庭裁判所なので、本人の意思が反映されるとは限りません。本人の親族以外にも、法律・福祉の専門家や市民後見人（成年後見人として必要な知識や技術を学んだ市民）等が選ばれるケースがあります。

　「自分の信頼できる〇〇に頼みたい」と希望するなら、任意後見を利用することをお勧めします。元気なうちに自分で後見人を決め、依頼する内容について、事前に契約しておくものです。

後見人に依頼できること

　任意後見人の仕事は大きく分けて２つあります。１つは、「財産管理」。自宅等の不動産や預貯金、年金の管理、税金や公共料金の支払い。そしてもう１つは、「介護や生活面の手配」です。要介護認定の申請や介護サービス提供機関との契約、介護費用の支払い、老人ホームへ入居する場合の体験入居の手配や入居契約、入院の手続き等、生活全体のバックアップをするものです。

　これらの範囲で、必要なことをあらかじめ契約によって具体的に決めておきます。

子供等の親族に依頼することもできますが、適任者がいないケースもあるでしょう。家族がいても、さまざまな事情で頼むことが難しい人もいるかもしれません。そんなときは、司法書士や弁護士等の専門家に依頼することも可能です。

といっても、知り合いに専門家がいない場合は悩みます。司法書士による全国組織「成年後見センター・リーガルサポート」(https://www.legal-support.or.jp/) に相談してみるのも一案です。全国の弁護士会でも窓口を設けています。ただし、専門家に依頼する場合は、月々の報酬が発生するのでよく検討しましょう。

◎監督人が選ばれる

任意後見制度では、全件で監督人が選任されることになります。後見人が適正な仕事をしているかを監督する人です。

本人の判断能力が十分でなくなってきたら、本人・配偶者・四親等内の親族または任意後見受任者からの申立てによって、家庭裁判所が選任。監督人が選ばれた時から任意後見人として仕事を担ってもらえることになります。

法定後見制度と任意後見制度の主な違い

	法定後見	任意後見
後見人を決める人	家庭裁判所	本人
決める時期	本人の判断力が低下してから	本人の判断力がしっかりしているとき
監督人	必要に応じて選任される	全件で選任される
例えば自宅の売却を依頼できる？	家庭裁判所の許可が必要（許可されないケースが多い）	契約書に定めていれば売却可（家庭裁判所の許可は不要）

※筆者作成

入院、入居の「身元保証」サービス

● 保証人がいないと入院できない？

　入院したり老人ホームへ入居したりする際、ほぼ確実に身元保証人を求められます。費用の支払いや緊急時の連絡対応、不幸にして死亡した際の遺体の引き取り等を保証する人です。家族が担うケースが多いですが、前項の「後見人」と同じく、適当な親族がいない場合もあるでしょう。

　入院に関しては、厚生労働省では「身元保証人がいないことのみを理由に入院を拒否することは医師法に抵触する」との見解を示しています。もし病院に事情を話しても理解を得られない場合、行政に相談することで保証人が不在でも入院可能となるケースがあります。

　しかし、何かのときに、判断を代弁してくれる保証人がいるほうが安心なケースもあるかもしれません。適当な家族や親族がいない場合に活用できる身元保証サービスがあります。「身元保証等高齢者サポートサービス」と呼ばれるものです。

　入院時の身元保証のほか、見守りや買い物等の生活支援、亡くなったときの葬儀等、幅広いニーズに対応します。

● 契約は慎重に数社比較を

　こんな業態があることすら知らない人も多いと思いますが、大手から中小まで全国に結構な数の事業者が存在します。ただし、さまざまな事業者が混在しているようで、サービスについてのクレームや相談が消費生活センターに寄せられています。特に、死後の事務については生前に事業者に預託することになりますが、なかには預託金の保全措置を講じていない事業者もいるようです。保全していない事業者が破綻すると、サービスの提供を受けられないうえ、預託金も返還されないことになりま

す。

　利用する際には、自分が必要なサービスを具体的に考え、必ず、数社に問い合わせて、比較検討を。もし、契約について不安なことがあれば、消費生活センターに相談しましょう。

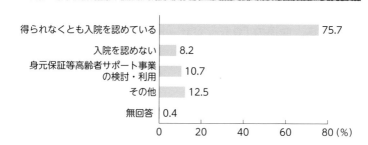

身元保証人が得られない場合の医療機関の対応

得られなくとも入院を認めている	75.7
入院を認めない	8.2
身元保証等高齢者サポート事業の検討・利用	10.7
その他	12.5
無回答	0.4

出典：厚生労働省「医療現場における成年後見制度への理解及び病院が身元保証人に求める役割等の実態把握に関する研究」2018年3月

身元保証サービスにおける契約注意点

- 自分の希望をしっかりと伝え、サービス内容や料金等をよく確認
- 預託金等の用途や解約時の返金に関する条件についてあらかじめ確認
- 契約内容を周囲の人にも理解してもらうよう心がける
- 契約や解約に際しトラブルになった場合にはすぐに最寄りの消費生活センター等に相談

出典：国民生活センター「身元保証などの高齢者サポートサービスをめぐる契約トラブルにご注意」2019年5月30日

8 エンディングノートで「死後手続き」の準備

● 死後事務は自分ではできない

いつか"死"は訪れます。自分が亡くなると、子供、もしくは親族らが葬儀をし、年金や介護保険の停止の手続きを行い、さらに財産や債務等の整理をすることになります。

手続きを行うための書類は、手続きを行ってくれる家族にわかるように整理しておきたいものです。身内に頼むことを避けたい、頼めないというなら、前項の「身元保証サービス」等を利用することも選択肢となります。

● 書いて残すことが大切

具体的には、右の一覧を参考にしてください。原則、書いて残すことが重要であり、市販のエンディングノートを活用するのも方法です（その場合、その在処がわかるようにしておきましょう）。

まず、自分が死んだことを知らせてほしい友人、知人を書いておきます。連絡先も必要です。また、決めている葬儀社や葬儀内容があれば書いておきます。宗派や菩提寺も記しておきましょう。

健康保険証や介護保険証、年金手帳、預貯金の通帳、民間保険の保険証券、さらにマイナンバーカード、不動産の権利書、実印の保管場所もわかるようにしておきます。「大事なものは家庭用金庫の中にまとめてある、と死んだ親から聞いていたが、金庫の鍵が開かず難儀した」という声を聞いたこともあります。

パソコンを利用する人が増えているので、「紙に書くよりパソコン内に保存しよう」と考える人もいるでしょう。その場合も、「大切なことはパソコン内に」と伝えておかなければなりません。

● デジタル終活も見落とさない

　スマホやパソコンを使ってアドレス帳を管理し、ネットバンキングや株取引、SNS を活用している人は老若問わず確実に増加しています。そのような人は、「デジタル終活」も忘れないように。簡単にいうとデジタルデータの生前整理、対処法の検討のことです。

　もし自分が死ぬと、手続きをする人がスマホやパソコンの中を開こうとするでしょう。見ないと、死んだことを友人、知人に知らせられず、相続に関する手続きを進めることもできないからです。しかし、ID やパスワード、暗証番号によってロックされていると開くことはできません。そのあたりも、手続きをしてくれる人が困らないように、よりよい方法を検討したいものです。

死んだら必要になる書類を整理しておく

	注意事項	☑
エンディングノート、遺言書	書いている場合、残していることがわかるように	☐
友人・知人の連絡先	自分の死を知らせてほしい人	☐
決めている葬儀社	イメージしている葬儀内容、遺影	☐
宗派・菩提寺	これまでの付き合い方も	☐
社会保険関係書類	健康保険証、介護保険証、年金手帳等の保管場所	☐
金融機関関係書類	銀行、証券会社、保険会社の支店、内容	☐
不動産の権利書、実印	自宅以外に不動産がある場合は、その内容も	☐
金庫の開け方	貸金庫を利用している場合はその情報	☐
定期的な支払い内容	見落とされそうなスポーツジム、新聞購読等	☐
その他		☐

9 「献体」で人生最期の ボランティア

● 事前の登録が必要

　「献体」とは、大学の医学部、歯学部に通う学生や医師の教育・訓練のため、自身の遺体を提供することをいいます。

　提供する先は、国内の医学部、歯学部となります。「献体 / 希望大学名」でインターネット検索をすると、案内が見つかると思います。検索で見つからない場合は、希望の大学に電話で問い合わせましょう。通常、対象となるのは大学所在地と同じ都道府県の居住者です。また、患っている病気によっては受け付けてもらえないケースもあります。

　事前に登録しておくと、そのときがきたら、親族が大学に連絡することになります。通常通りに葬儀を行うことはできますが（葬儀をするかどうかは選択できます）、遺体は火葬場ではなく大学へ運ばれます。解剖実習が行われた後に、火葬されたうえで遺族に戻されます。解剖実習の進捗によりますが、遺骨が親族に戻るまで2～3年かかることが多いようです。

　登録するときには、必ず、親族の同意を得るようにしましょう。なぜなら、自分で登録していても、そのとき、親族の誰かが反対すると、献体することはできなくなるからです。親族がいない場合、自治体によっては、自治体の協力で登録可能なところもあります。

葬儀の代行ではない

　献体は無報酬です。大学への搬送費用と火葬費用は大学負担ですが、葬儀を行う場合は個人負担となります。金銭的なメリットはありませんが、人生の最期に医学に貢献できることがメリットだといえるでしょう。

　ただし、高齢化と献体への認知度の高まりにより、希望者が多くな

り登録を制限する大学も増えているようです。一時的に登録を停止しているところもあるので、希望する大学があればウェブサイト等で状況を確認しましょう。

献体でよくある質問

家族の同意は必須？

死後実際にその遺志を実行するのは遺族。遺族に反対があれば献体は実行されない。献体登録をするときにあらかじめ家族の同意を得ておくことが大切

献体に費用はかかる？

遺体の大学への搬送、火葬、慰霊祭の経費は大学が負担するので、本人や遺族の費用負担はない。ただし、大学以外への搬送や遺族での葬儀費用等は自己負担

献体と臓器提供（ドナー登録）はどちらもできる？

献体では全身を提供するので、臓器提供（ドナー登録）との両立は不可のところが多い

献体登録すれば、何かのときは入院できる？

献体は無条件・無報酬で提供する仕組み。便宜がはかられることはない

献体登録をした後に気が変わったら取り消せる？

登録した大学に連絡することで、取り消し可能

10 相続人ではない人に お金を残す「遺贈」

● 配偶者や実子以外に世話になった人は？

　あなたが亡くなると、財産は、法で定められた相続人に受け継がれます。これを「相続」といいます。通常、配偶者が2分の1、子が2分の1（子が2人なら4分の1ずつ）。

　一方、遺言を残して、法で定められた相続人以外の人や団体に財産を残すことを「遺贈」と呼びます。例えば、もっとも世話をしてくれた子供の配偶者（いわゆる「嫁」「婿」の立場）に遺言で財産を譲ることもできます。2019年の民法改正で、介護等を無償で提供してきた親族は「特別寄与料」を請求できるようになりました。しかし、認められることは少ないようです。日々介護サービスを利用していたケースでは認められない可能性が高いため、財産を渡したいなら、遺言を書いて遺贈するほうが確実です。

　また、俳優の中尾彬さんが出ているCMを見たことがある人もいると思います。日本財団の遺贈寄付サポートセンター（https://izo-kifu.jp/）のテレビコマーシャルです。希望するテーマ、地域等を選び、財団を通して遺贈できます。

● 法定相続人には遺留分がある

　相続人に財産を残したくないケースもあるかもしれません。

　遺言で、「〇〇（例えば実子）には相続させない」と書くこともできます。ただし、相続人から排除することは相当な理由がある場合を除いて認められません。書いたとしても、相続人は遺留分（相続財産の2分の1）を受け取ることになります。言い換えれば、遺贈できる範囲も遺留分を侵害しない範囲までです。

　一方、生きているうちに贈与する生前贈与はよく知られている方法

です。受贈者1人当たり年間110万円までは税金がかからないため、年間その範囲で贈与します。死亡時に相続させる財産が減れば、相続税は少なくなるので節税手段としても活用されています。

しかし、贈与者の死亡の日からさかのぼって3年前の日以降に贈与された財産は、相続税の課税対象となります。

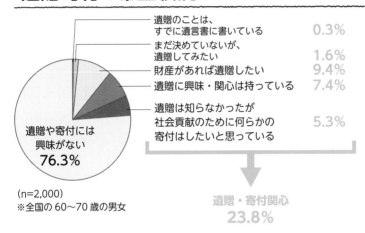

遺贈寄付の希望状況

遺贈のことは、すでに遺言書に書いている	0.3%
まだ決めていないが、遺贈してみたい	1.6%
財産があれば遺贈したい	9.4%
遺贈に興味・関心は持っている	7.4%
遺贈は知らなかったが社会貢献のために何らかの寄付はしたいと思っている	5.3%

遺贈や寄付には興味がない
76.3%

(n=2,000)
※全国の60〜70歳の男女

遺贈・寄付関心
23.8%

出典：日本財団「遺言・遺贈に関する意識・実態把握調査」（2023年1月5日）より作成

遺贈で可能になること（例）

- もっとも世話をしてくれた子供の「配偶者」に財産を譲りたい

- 入籍はしなかったけれども一緒に暮らしてきた「内縁の妻」に財産を譲りたい

- 長年世話になった団体に財産を譲りたい　　　　　等

3,900円で法務局に「遺言書」を預ける方法

◎遺言書の作成方法

　遺言書を作成する場合、大きく分けると「自筆証書遺言」と「公正証書遺言」があります。まず前者は、遺言書を残す人がすべて自筆で作成するものです。2019年以降に作成された遺言は、財産目録をパソコンでまとめたものや、預貯金通帳のコピー、不動産の登記事項証明書の一部分やコピー等、自書によらない書類の添付が可能となりました。

　それに対し後者は、自身に代わって公証人に作成してもらう遺言書のことです。複雑な内容であっても、法律的に見てきちんと整理した内容の遺言書となります。何らかの不備で遺言が無効になる心配もありません。公正証書遺言は、自筆証書遺言と比べて、安全確実な遺言方法であるといえます。しかし、手数料がかかり、時間的にも"手軽さ"は劣ります。

◎自筆証書遺言の利便性がアップ

　自筆証書遺言は、原則、作成者自身で保管します。そのため、紛失や、同居家族による改ざん、隠蔽の可能性が否定できませんでした。

　そんななか、2020年、自筆証書遺言を法務局で保管してもらえる「自筆証書遺言書保管制度」ができました（右上図）。遺言者本人が、住所地・本籍地・不動産所在地のいずれかの法務局（遺言書保管所）に出向いて、保管の申請手続をします。必要な書類に不足等がなければ原本とその画像データが保管されます。保管の申請にかかる手数料は3,900円です。法務局では、内容が適正かまではチェックしませんが、安心感は大幅にアップするといえるでしょう。

　遺言者が生きている間は、本人だけが閲覧したり、住所等を変更したり、預けた遺言書を返してもらったりすることができます。

自筆証書遺言書保管制度とは

遺言書が法務局において適正に管理・保管される制度
原本に加え画像データとしても長期間管理される
(原本：遺言者死亡後 50 年間、画像データ：同 150 年間)

- 遺言書の紛失・亡失のおそれがない
- 相続人等の利害関係者による遺言書の破棄、隠匿、改ざん等を防げる

ただし、保管された遺言書の有効性を保証するものではない

2つの遺言の主な違い

	自筆証書遺言	公正証書遺言
作成者	遺言者が自筆で作成 (一部パソコン可)	公証人が作成
費用	無料	数万円(手数料等)
保管場所	遺言者が決めた場所(自宅等)、または法務局	原本は公証役場
家庭裁判所による確認	必要(法務局で保管の場合を除く)	不要
無効、改ざんリスク	リスクあり (法務局での保管で安心感アップ)	リスクなし

※筆者作成

12 自分の入る「墓」を決める

◉ 必要なら「墓じまい」

　いつか自分が亡くなったとき、どの墓に入ることになるのでしょう。ある程度の年齢になると、1度や2度は考えたことがあるのではないでしょうか。

　先祖代々の墓がある人は、特に行動を起こさなければその墓に入ることになります。ただ、遠い故郷にある場合、お参りに行くのも大変です。特に、妻（夫）にとっては、縁もゆかりもない土地であるケースもあり、「知らない土地の墓に入るのは嫌だ」と話す人もいます。

　自分がその墓に入れば、子供ら親族に、墓の管理をしてもらう必要も生じます。「子供に負担をかけたくない」とか、「そもそも後を継いでくれる子供がいない」という声を聞くことも少なくありません。

　そうした場合は墓の引っ越しを検討します。「墓じまい」と呼び、現在の墓を解体・撤去して更地にし、その使用権を墓地の管理者に返還するものです。

◉ 墓の引っ越しで気を付けること

　元の墓から出した遺骨は、別の場所、もしくは別の形で供養する必要があります。引っ越しする場合は、「墓地、埋葬等に関する法律」により手続きが必要です。

　このとき、気を付けなければいけないことがあります。まず、事前に関係する親族全員と話をして同意を得ること。自分が「不便だ」と思っていても、親族のなかには、その墓へのこだわりがある人もいるかもしれません。そして、離檀料にも注意しましょう。代々世話になった檀家をやめる際に支払うお布施です。多くの場合、支払い義務はないのですが、高額の請求をされることがあるようです。あまりに高い場

合やトラブルが生じた場合は、消費生活センターに相談しましょう。

◎ 墓には多様な選択肢がある

　先祖代々の「〇〇家の墓」に入らないとすれば、どのような選択肢があるのでしょう。

　"個人"の墓を建てることもできます。一方、不特定多数の人の遺骨を1つにまとめて納骨する「合祀墓」を選ぶ人も増えています。供養や管理は寺院や霊園がまとめて行うので、家族に負担をかけることはありません。

　「納骨堂」を選ぶ人もいます。屋内のロッカーのようなスペースに遺骨を納めます。樹木葬や遺骨を自然に戻す海洋散骨も人気です。

　自分で自分を埋葬することはできません。自分はどう埋葬してもらいたいかをいまのうちに考えて、誰かに託す必要があります。墓や納骨堂の多くで、生前予約を受け付けています（抽選のところも）。契約後は、通常、生前でも年間維持費がかかるので、必ず確認しましょう。2022年、札幌市の納骨堂が経営破綻し突然閉鎖されたという報道がありました。そういうことが起こらないとは限りません。安心感という点では、公共の墓地も選択肢です。抽選の倍率は高めですが、生前予約を受け付けているところもあります。

主な墓の種類

- 先祖代々でつないでいく「継承墓」
- 1人で眠る「個人墓」
- 夫婦2人だけで眠る「夫婦墓」
- 他の人と一緒に眠る「合祀墓」
- 樹木や花の下で眠る「樹木葬」
- 骨をパウダー状にして海に撒いて眠る「海洋散骨」

おわりに

　最後まで読んでいただき、ありがとうございました。

　人生100年時代といわれるようになり久しいですが、現実に、それくらいの年齢まで生きる可能性は十分あります。そう考えると、シニア期って、実に長いと思うのです。65歳くらいでリタイアして、その後35年も……。

　0歳当時の記憶はありませんが、それから35歳までといえば、思い出せないほどいろいろなことがありました。それと同じ期間が余命として与えられるなら、目標を見定め、背筋を伸ばして生きていくことが必要な気がします。ただし、30代、40代の頃とは違って、体力は低下し、行動は鈍重なので、地面を踏みしめてゆっくりと。

　「勉強しなさい」と叱られるわけでなく、「早く寝なさい」とせかされるわけでもなく、私たちは自由です。自由だからこそ、どう過ごすか、どう生きるかは、自分次第の面があり楽しくもあり、難しくもあり。

　今回、本書を執筆し、さまざまな楽しみ方や働き方、そして気を付けなければならないことがあることがわかりました。そ

れだけでなく、使い勝手のよい便利な商品やサービスの存在に
も気付きました。自分にとって必要なもの・ことを選択し、も
ちろんお金のことも考えつつ、最期のときまで自分らしく生き
ていきたいものです。

　本書で紹介しているもの・ことは、あくまで「例」です。よ
りよい商品やサービス、あるいは考え方があり、私の知らない
こと、気付いていないこともいっぱいあるでしょう。これから
も取材を継続して、自分自身を含めたシニアにとってのお得や
楽しさを追求していきたいと思います。

　人生いろいろあって、しんどいことや辛いこともたくさんあ
りました。これからだってあるに違いありません。が、何と
か、シニア期を迎えたのですから、他人に迷惑をかけない範囲
で、自分を労りつつ、笑顔で生きていきたいと思います。自分
が笑顔でなければ、他人を笑顔にできませんから。

　2023年4月

太田差惠子

【著者紹介】

太田差惠子（おおた さえこ）

介護・暮らしジャーナリスト。京都市生まれ。超高齢社会においての「暮らし」と「支援」の2つの視点から情報を発信し、執筆、講演活動等を行う。AFP（日本ファイナンシャル・プランナーズ協会認定）資格も持つ。2012年立教大学大学院21世紀社会デザイン研究科前期課程修了。
主な著書に『高齢者施設 お金・選び方・入居の流れがわかる本 第2版』『子どもに迷惑をかけない・かけられない！60代からの介護・お金・暮らし』（共に翔泳社）、『親の介護で自滅しない選択』（日本経済新聞出版）、『知っトク介護 弱った親と自分を守る お金とおトクなサービス超入門』（共著、KADOKAWA）等多数。
趣味はフラメンコ、1人旅。愛犬はフレンチブルドッグ。
「太田差惠子のワークライフバランス」http://www.ota-saeko.com/

得する！楽しい！安心！
シニアの暮らし便利ブック

2023年5月23日　第1刷発行

著者／太田差惠子

カバーデザイン／桑山慧人（book for）

本文デザイン・DTP／クニメディア株式会社

本文イラスト／石井里果

校正／株式会社東京出版サービスセンター

編集／前田康匡（産業編集センター）

発行／株式会社産業編集センター
〒112-0011　東京都文京区千石4丁目39番17号
TEL 03-5395-6133　FAX 03-5395-5320

印刷・製本／萩原印刷株式会社